ZILDA ARNS

A Trajetória da Médica Missionária

Zilda Arns

Zilda Arns Neumann

OTÍLIA ARNS

ZILDA ARNS
A Trajetória da Médica Missionária

Editora do Chain
2ª edição – 2011
Curitiba – PR

Direitos reservados à Editora do Chain.

Cópia ou reprodução deste não permitidas sem prévia autorização da mesma.

Dados internacionais de catalogação na publicação
Bibliotecária responsável: Mara Rejane Vicente Teixeira

Arns, Otília.
   Zilda Arns : a trajetória da médica missionária / Otília Arns. - Curitiba, PR : Editora e Livraria do Chain, 2011.
210 p. : il. ; 16 x 23 cm.

ISBN: 978-85-61874-05-6
Inclui bibliografia.

   1. Neumann, Zilda Arns, 1934-2010. 2. Médicos missionários – Brasil – Biografia. I. Título.

CDD (22ª ed.)
926.1

Autora: Otília Arns

Digitalização: Paulo de Tarso Kloss / Sidney Marques

Revisão: Otília Arns e Zélia Arns da Cunha

Capa: Vitória Gráfica & Editora

Impressão e CtP: Vitória Gráfica & Editora

Fotografias: acervo das famílias

Copyright da Autora: Otília Arns

COLABORADORES

    FELIPPE ARNS
    ALICE BERTOLI ARNS
    FLÁVIO JOSÉ ARNS
    IRMÃ HELENA ARNS
    IRMÃ HILDA ARNS
    IRMÃ TEREZINHA TORTELLI FC

DEPOIMENTOS

    DOS FILHOS
    DOS NETOS
    DOS IRMÃOS
    DOS SOBRINHOS
    DOS PRIMOS
    DO POVO

CONTEÚDO

PREFÁCIO
INTRODUÇÃO

1ª PARTE

OS ANTEPASSADOS PATERNOS DE ZILDA
O TRISAVÔ: NIKOLAUS ARNS
O BISAVÔ: PHILIPP JOSEPH ARNS
AVÔ: PHILIPP ARNS
O PAI: GABRIEL ARNS

2ª PARTE

OS ANTEPASSADOS MATERNOS DE ZILDA
O BISAVÔ: PETER JOSEPH STEINER
O AVÔ: MAX JOSEPH STEINER
A MÃE: HELENA STEINER

3ª PARTE

ZILDA ARNS
A INFÂNCIA EM FORQUILHINHA
A ESCOLHA DE ZILDA
AS FESTAS ESPECIAIS
CURITIBA, A SEGUNDA MORADA DE ZILDA
PREPARANDO O CAMINHO PARA A MEDICINA
A ALEGRIA E AS DORES NO CORAÇÃO DE ZILDA
OS FILHOS DE ZILDA
A FAMÍLIA DE ZILDA E ALOYSIO BRUNO NEUMANN (ESQUEMA)

4ª PARTE
    A PASTORAL DA CRIANÇA SOB O PRISMA DA DRA. ZILDA
    O NASCIMENTO
    A IMPLANTAÇÃO DO PROJETO PILOTO
    A EXPANSÃO DO PROJETO
    A MÍSTICA DA FÉ E VIDA
    AS VIAGENS DE ZILDA
    O PROJETO PILOTO DO RS
    O PROJETO PILOTO EM FORQUILHINHA
    A PASTORAL DA CRIANÇA – ORGANISMO DE AÇÃO SOCIAL DA CNBB
    A PASTORAL DA PESSOA IDOSA
    DRA. ZILDA ARNS NEUMANN E A PASTORAL DA PESSOA IDOSA

5ª PARTE
    A ÚLTIMA PALESTRA NO HAITI

6ª PARTE
    A NOTÍCIA DA MORTE E BUSCA DO CORPO

7ª PARTE
    O VELÓRIO E AS MISSAS DE CORPO PRESENTE

8ª PARTE
    OS DEPOIMENTOS:
    DOS FILHOS
    DOS NETOS
    DOS IRMÃOS
    DOS SOBRINHOS
    DOS PRIMOS
    DO POVO

9ª PARTE
    POST SCRIPTUM
    HOMENAGEM
    BIBLIOGRAFIA

PREFÁCIO

À MEMÓRIA DE DRA. ZILDA ARNS NEUMANN

João Paulo II afirmou que não se pode compreender bem uma pessoa senão a partir de seu interior. Dra. Zilda Arns Neumann escolheu a medicina como missão e enveredou pelo caminho da saúde pública.

O seu coração era carregado de doação ao próximo, como missão, com grande sensibilidade no trato com as pessoas, abrindo-se especialmente para a compreensão, paciência e atenção para com o mundo da criança.

Ela mesma experimentou dramas familiares: a perda de um filho recém-nascido, o marido morrendo ao tentar salvar uma vida no mar; posteriormente a perda de uma filha, morta em acidente automobilístico deixando um filho aos cuidados da avó Zilda.

Tinha grande diálogo com os próprios filhos, consultando-os em momentos especiais de sua vida, mormente quando devia fazer viagens longas. A força dos próprios antepassados marcou também sua vida, sempre lembrados com carinho.

Lembro que ao longo da caminhada seguiu um crescendo de entusiasmo e qualificação de sua função. Sua sensibilidade a fez preocupar-se com as crianças em todo o Brasil e no exterior, começando pela América Latina, estendendo-se pela África e em Timor Leste. Posso dizer que sua conversação com a família e amigos dedicava grande espaço à ação de seu trabalho.

Dra. Zilda Arns, foi grande batalhadora, a incansável, quando queria uma coisa lutava até as últimas consequências para conseguir. Não media esforços, nem sacrifícios para se doar em prol das crianças. Ultimamente, criou a pastoral dos Idosos.

Falar de Dra. Zilda é falar de uma mulher forte, determinada, lutadora, de fé comprometida com a caridade, de amor e confiança no que fazia, certa de que este era o caminho certo.

Sem dúvida seu exemplo de esposa e mãe de cinco filhos e médica. Sua perseverança em fazer o bem jamais será apagada da memória de quem a conheceu. Tenho certeza que a Pastoral da Criança, bem como a sua última criação a Pastoral do Idoso, vai continuar seu caminho, pois é obra de Deus e o que é de Deus não passa. Dra. Zilda vai continuar intercedendo mais de perto pois está na visão beatífica.

Dra. Zilda acreditou na Palavra do Senhor: "O que fizerdes ao menor de meus irmãos, a mim fareis". Quem é meu irmão? O mais sofrido, o que tem fome, aquele que é considerado o mais sem valor aos olhos do mundo. O que ela acreditou, ela amou, ela deu a vida, como ela o fez desde a primeira hora da Pastoral da Criança até a última hora de vida, falando e amando, e por isso morrendo. Morreu exatamente no posto de trabalho, ao final da conferência sobre a Pastoral aos Religiosos e Religiosas numa igreja do Haiti, quando aconteceu o terremoto, 12 de janeiro de 2010.

Nós cremos que o Senhor a acolheu junto de si: Serva bondosa e fiel, entra no gozo de teu Senhor! Descanse em paz! Sua memória não morrerá.

Cardeal Geraldo Majella Agnelo
Arcebispo de São Salvador da Bahia

INTRODUÇÃO

A trajetória da médica missionária Zilda Arns foi marcada pela fé profunda trazida pelos seus antepassados paternos e maternos. Seu espírito de fraternidade e solidariedade fez crescer seu amor a Deus e ao próximo, que tem seus alicerces na simplicidade do exemplo, do trabalho, da dedicação e honradez do pai, e no espírito de sacrifício, abnegação e piedade da mãe. É sua Fé e Vida que se compromete com o Evangelho e sobre ele constrói todo um programa de vida.

Zilda lutou pela construção de um mundo melhor que começa na construção do ser humano. Ela contribuiu, extraordinariamente, à saúde, educação e bem-estar das mães e das crianças carentes.

Realizou-se, plenamente, com o trabalho da Pastoral da Criança e da Pastoral da Pessoa Idosa, como ser humano e como profissional, com o apoio total da CNBB - Conferência Nacional dos Bispos do Brasil.

Zilda partiu para a casa do Pai em doze de janeiro de dois mil e dez. Sua figura ora se desfaz das lembranças, dos sofrimentos, para dar lugar à imagem de grandeza, de coragem e de desprendimento, da mulher que soube unir a vocação da mãe de família ao espírito público de tantas causas humanitárias. A vida dela teve um começo feliz e um fim honroso.

Este opúsculo de saudades inclui, além dos depoimentos dos filhos e netos que a conheceram, ainda o registro dos irmãos, cunhada, sobrinhos, primos e pessoas amigas. Cabe a todos nós resumir, nas páginas deste livro, uma imagem meditativa de mãe, avó, irmã, cunhada e amiga, da figura de Zilda com quem convivemos.

Como e quando, em que contextos se realizam os episódios humanitários da vida dela, vão ser contados nas páginas a seguir.

Otília Arns
2010

OS ANTEPASSADOS PATERNOS E MATERNOS DE ZILDA ARNS

ZILDA
A TRAJETÓRIA DA MÉDICA MISSIONÁRIA
DEUS TRAÇA O DESÍGNIO DE CADA SER HUMANO

Zilda Arns nasceu no dia 25 de agosto de 1934 em Forquilhinha, no Estado de Santa Catarina. Para entender um pouco de sua intensa ação missionária, é preciso tecer uma retrospectiva às suas origens mais remotas.

O TRISAVÔ DE ZILDA

Em 1º de maio de 1792 nascia em Reil, Mosela, Alemanha, o trisavô de Zilda. Este homem, Nikolaus Arns, acompanhou as investidas de Napoleão na Rússia até Moscou. Participou, como soldado, de sangrentas batalhas, a principal de Katzbach em 1813. Quis a Divina Providência que o trisavô não tombasse na guerra, mas voltasse à Mosela para sentir de perto a devassa deixada pela implacável guerra, marcada pelos destroços e fome dos sobreviventes de seu povo.

Casou-se aos vinte oito anos de idade com Ana Margarethe Simonis que lhe deu cinco filhos: Johann (faleceu de causa ignorada), Ana Bárbara, Ângela Catharina, Philipp Joseph e Ana Maria. A esposa morreu no parto da última filha em 1835.

Com os filhos pequenos, Nikolaus Arns casou-se novamente com Maria Elizabeth Klering.

O trisavô de Zilda soube da notícia do convite do Governo Imperial do Brasil, o que foi uma esperança para ele e muitas outras famílias alemãs que esperavam encontrar um pedaço de chão para subsistência de suas famílias. Sabiam que seria trabalhar com o "suor do rosto" para ganhar o pão de cada dia. Isso se tornou o lema da família daí para frente: "Beten und Arbeiten" (orar e trabalhar), com fé em Deus.

Em 1846, Nikolaus Arns, o trisavô de Zilda, decidiu deixar sua terra natal da Mosela, Alemanha. Enfrentou a bravura das ondas do oceano na precária caravela rumo ao Brasil, com a esposa e quatro filhos, às longínquas terras brasileiras. Encontrou um pedaço de chão e a morte em Santa Isabel, Santa Catarina.

Nikolaus Arns foi assassinado "pelos pardos José Alves Mendes e Dionísio de Tal, os quais evadiram", com um palanque de cerca quando tocava o gado dos tropeiros que comiam o milho que havia plantado na coivara do cercado. Isso em 1859.

O BISAVÔ DE ZILDA

O bisavô de Zilda, Philipp Joseph Arns, também chamado de Felipe Sênior, era um homem de visão larga. Aos dezesseis anos foi trabalhar na fábrica de chapéus em Florianópolis. Aproveitou os anos que trabalhou lá para aprender a língua portuguesa no convívio de seus companheiros, reforçando-a com estudos autodidatas à noite. Era, para ele, o caminho certo para se engajar no povo da nova pátria, valorizando a língua portuguesa. Dominava-a perfeitamente na escrita e na fala.

Depois da morte de seu pai, Nikolaus, Philipp Joseph passou a administrar a propriedade do pai. Casou-se com Maria Michels, já nascida em São Pedro de Alcântara, Brasil.

Depois de alguns anos de trabalho, reconheceu que as terras em Santa Isabel não lhe prometiam futuro. Em 1863, munido de espingarda, munição, facão, muita garra e fé em Deus, meteu-se na mata-virgem adentro, abriu picada, atravessou o morro e depois de alguns dias, encontrou um lugar entre as nascentes do Cubatão e do Capivari, que lhe lembrava os morros da Mosela. Roçou uma clareira e construiu uma cabana rústica coberta de palha. Voltou algumas vezes com sementes e mudas de grama, construiu uma cabana maior, talhou móveis rústicos e, aí, trouxe a família: Philipp Junior de um ano, Maria de dois anos em jacás em cima do burro, Catharina de cinco anos e Antônio de sete anos, a pé, com a mãe e o pai. Todos os pertences carregados no burro. Dormiam a céu aberto na mata-virgem sem medo dos bugres e dos animais selvagens, com fé em Deus, pensando:

> "Wo die Not am groessten
> Ist Gott der Herr am naechsten"
> (onde a necessidade maior,
> está mais perto nosso Senhor).

No final todos se acomodaram na cabana rústica na mata-virgem, rodeada de bugres e animais selvagens, mas rodeados, também, pela bela natureza de Deus, debaixo do céu azul cheio de estrelas cintilantes e do cruzeiro do sul. Só assim o otimismo pode vencer.

Na verdade, Philipp Joseph Arns aprendera muito cedo a enfrentar a vida com sacrifício, sem esmorecer diante das dificuldades. Ele deixou marcas profundas no pai de Zilda. Gabriel era a esperança do seu avô. Era a herança do espírito e do sangue. Ao pé da cama do avô, Gabriel se embebia nas histórias de seu avô, já doente, com quem aprendeu a ler, escrever e fazer contas.

Philipp Joseph Arns, bisavô de Zilda, era homem forte de corpo e alma (1,96 de altura), homem com marcante fé em Deus, amor à família e ao próximo de sua comunidade.

Homem da solidariedade humana.

Lugar onde Nikolaus Arns e filhos nasceram

O Bisavô de Zilda

Philipp Joseph Arns e esposa Maria Michels

O AVÔ DE ZILDA

Dos filhos homens, Philipp Arns foi o único que sobreviveu a seu pai Philipp Joseph Arns.

Philipp Arns, avô de Zilda, era homem pacato, humilde, rejeitou todos os cargos que a comunidade lhe oferecia. No entanto, exercia tacitamente grande influência para manter a união entre as famílias da comunidade do Capivari mediante diálogo franco e calmo.

Casou-se com Ana Hülse com quem teve doze filhos. Havia, então, a preocupação dos chefes de família de prole numerosa de prover um pedaço de chão para cada filho. Atraídos pela notícia de terras férteis ao longo do vale do rio Araranguá, alguns homens do Capivari: Henrique e Germano Berkenbrock, Germano Boeng, João José Back e Philipp Arns, avô de Zilda, investigaram aquelas planuras após três dias puxados a cavalo, conduzidos lá por um bugreiro que conhecia a região. Voltaram desiludidos por causa das enchentes. Uma década mais tarde, uma nova investida cabia, entre outros, a seu filho Gabriel, pai de Zilda.

Philipp Arns era homem muito organizado por índole. Costumava convocar os filhos aos domingos à noite, em reunião democrática, planejar os trabalhos da semana. Nessas reuniões elogiava as sugestões boas e explicava, didaticamente, as não aceitáveis, em clima de fraternidade.

Os pais de Philipp Arns se transferiram para sua casa, bem como os pais da avó Ana Hülse. Com amor e carinho todos receberam os cuidados que só bons samaritanos podiam dar ao próximo.

Em 1914, após a morte dos pais e sogros, Philipp Arns e família se transferiram para Forquilhinha onde seu filho Gabriel já lhes havia preparado o caminho.

Philipp Arns e Ana Hülse morreram em Forquilhinha.

Na lápide do túmulo do avô está escrito:

"Bem aventurados os pacíficos"

E na lápide da avó está escrito:

"Bem aventurados os misericordiosos".

A família de Philipp Arns e Ana Hülse
Avô e avó de Zilda Arns

O PAI DE ZILDA

Gabriel Arns, o pai de Zilda, se orgulhava de sua ascendência alemã e, certamente teria torcido pelo ideal do Visconde Taunay que, como Presidente da província de Santa Catarina, dizia: "A colonização alemã é para mim, sob muitos pontos, a melhor, com ela gostaria de formar a base da nacionalidade brasileira." Ele era da época em que a imigração alemã estava em plena florescência. Testemunhou de perto, como presidente da província de Santa Catarina, o esforço, o empenho e a garra dos colonizadores alemães que, com amor, se dedicavam à nova pátria. Esta era, para eles, a terra do sol, das flores, das palmeiras e, sobretudo, da esperança. (Taunay, As'd E., Visconde - 1843 - 1899).

Gabriel, pai de Zilda, não fugiu da regra. Nasceu no dia 29 de novembro de 1890 em Capivari, Santa Catarina, de uma família de doze irmãos, filhos de Philipp Arns e Ana Hülse.

Desde cedo Gabriel trabalhava com afinco carregando as cestas de milho morro abaixo para alimentar as galinhas, os porcos e, mesmo, a farinha de milho para o pão caseiro.

Gabriel era para seu avô Philipp Joseph Arns, uma esperança. A mãe Helena, perguntada quando começara a gostar do papai Gabriel, ela prontamente respondeu: "Foi no catecismo dos missionários. Ele sempre sabia tudo."

Aos vinte anos de idade, em 1910, ainda solteiro, comandava a segunda equipe de pesquisadores de terras ao longo do vale do rio Araranguá. Nessa ocasião foram comprados os primeiros terrenos por João Back, Geraldo Westrup e Gabriel Arns, para a formação da comunidade de Forquilhinha. Foi uma aventura semelhante à do Philipp Joseph Arns na descoberta do Capivari. Aqui, também, estavam no meio da mata-virgem, rodeados por índios e onças, protegidos por oito cães de raça que, à noite saíam, mas voltavam à guarda de seus donos.

O pai Gabriel começou a trabalhar aí no terreno comprado para seu irmão, Augusto, onde começou a construir uma casa em 1911 o que lhe valeu o titulo de "Pioneiro número um".

Em maio de 1913, Gabriel voltou ao Capivari para casar, em

maio do mesmo ano, com Helena Steiner. O tempo não era de trégua. Logo depois do casamento despediram-se dos familiares e amigos rumo a Forquilhinha, numa viagem de três dias a cavalo para chegar à casa ainda incompleta. Nesta casa nasceu seu filho primogênito, Heriberto.

Os pais de Zilda transferiram-se depois para a propriedade deles, onde nasceram os filhos: Irma (que faleceu aos 14 meses de crupe), Osvaldo, Olívia e Paulo.

Em 1922, com a saída de Frederico Oterding de Forquilhinha, o pai Gabriel comprou dele a rústica casa de comércio. Nesta casa de madeira nasceram: Otília, Laura e Hilda.

Foi nesta casa que o pai Gabriel desabrochou para a vida de empresário. Diz o cronista e professor, tio Adolfo Back: "Seu caráter empreendedor fez com que se estabelecesse, inicialmente, na casa de comércio e instalasse uma rústica fábrica de banha, comprando os cereais e os suínos abatidos. Depois construiu uma casa de porte grande e assobradada para moradia e comércio". Neste casarão nasceram os últimos filhos: Felippe, Max José, Ida, Bertoldo, Zilda e Zélia.

O futuro dos filhos do pai Gabriel, no entanto, não estava reservado, nem no casarão de Forquilhinha, nem nas "oficinas de seu Gabriel". Para papai, o homem precisa aspirar acima do material. Valorizava os conhecimentos adquiridos pelos estudos que nunca escapam do nosso controle. Com razão dizia: "O que está na cabeça, ninguém pode tirar" Era a voz do homem culto, com dez meses de aulas noturnas ao pé da cama do avô Philipp Joseph Arns que nele confiou.

O pai Gabriel sentia orgulho de seus treze filhos e de seus amigos que eram conselheiros.

Dom Pascásio Rettler, bispo de Bacabal, MA, que trabalhou, como sacerdote em Forquilhinha, escreveu em sua carta á família, publicada em "Tempo do Pai", "Gabriel homem singular, de liderança abrangente da vida civil, política e religiosa. Ele me ensinou a exercer a liderança com decisão e diplomacia".

No livro "Tempo do Pai", cada filho registrou seu depoimento sobre o pai Gabriel.

> Assim se expressou Heriberto (em religião: Frei João Crisóstomo). "Papai foi sempre o homem de idéias novas e surpreendentes que transformava em sólidos projetos. Como presidente da sociedade União Popular de Porto Alegre, mostrou sua solidariedade para com o povo empobrecido da Alemanha pela guerra em campanha diuturna com o padre Rambo S.J., para angariar toneladas de víveres e roupas, enchendo três navios rumo à Alemanha. "Para ele o espírito de solidariedade e amizade eram o fundamento da convivência humana".
> Osvaldo dizia: "Devemos ao pai a vida, os valores e posturas fundamentais do homem, com tradição viva e ativa, mergulhado, há um tempo, no passado criador e no futuro porfiador, sob as coordenadas da fé e do trabalho por assimilação consciente".
> Para Olivia (Irmã Gabriela), "o pai concretizava em sua vida: compreensão, serenidade, reconciliação, segurança, firmeza, desprendimento, doação, o anjo da bondade".
> Para Paulo (Dom Paulo Evaristo, Cardeal Arns), "Vale a pena recordar, eis que trazemos nas veias o amargor do sofrimento e das humilhações, casados com a coragem e o pioneirismo da fé. O pai era homem da Paz e um líder corajoso, arriscou sua vida para separar os dois irmãos Minatti tirando de um deles o 38 que iria matar o irmão".
> Para Otília: "O pai valorizava o saber, o conhecimento. É preciso estudar, dizia: "O que está na cabeça ninguém pode tirar". Com sacrifício e fé conseguiu ver seus filhos formados nas universidades. Era "o orgulho do pai".
> Para Laura (Irmã Helena): "O pai tomava o tempo para sentar-se conosco perto do fogão e nos balançava nos seus pés cantando: "kommt ein Vogel geflogen" (vem um passarinho voando), mas, quando vinha um pobre ou colono para contar-lhe problemas, ele tinha tempo para todos e aconselhava-os".
> Para Hilda (Irmã Hilda): "Participei de seu sofrimento, de sua fortaleza de espírito. O pai era generoso e solidário, educava pelo exemplo e

queria que a filha fosse feliz, mesmo no convento".

Para Felippe; "O pai gostava de viajar. Sentia prazer em acompanhar o filho engenheiro para as obras no Paraná, Santa Catarina, São Paulo e Brasília. Viajava calado, mas muito observador e tirava suas conclusões da fertilidade dos diferentes tipos de solos e cerrados. Queria conhecer novas terras, nova gente. Era seu profundo amor à terra".

Para Max José: "O pai Gabriel era um exemplo para educar os filhos que ele procurou seguir. Do árduo trabalho das plantações também ele conseguiu recolher o necessário para o sustento e para os estudos dos nove filhos. A esposa dizia: "O Opa não gostava do partido político do meu pai, mas eu não fui problema, chegava o dia das eleições, o Opa me dava as cédulas".

Para Ida: "Na época da guerra não sei o que o pai fazia para escapar da polícia que queria prendê-lo. Devia ter muitos amigos que avisavam onde a polícia ia procurar papai. Era a guerra da perseguição aos alemães. Quando aposentado, foi o maior leitor da Biblioteca Pública, lia um livro cada dois dias. Sinto saudades do teu humor, pai".

Para Bertoldo: "O pai era o guia e orientador nos grandes e pequenos negócios. A opinião dele era levada muito a sério. Ele era considerado o homem de absoluta confiança. A palavra dele era lei e fazia um esforço muito grande para manter a unidade e bem comum da colônia de Forquilhinha. Papai foi um líder altamente positivo. Era respeitado por suas posições claras, nunca foi homem de ficar em cima do muro".

Zilda conta: Na casa nova papai deixou escolher o quarto das meninas. Lembro, até hoje, como o papai dava oportunidade para opinar e exercer as decisões. Quando ficou doente de crise de cálculos na vesícula, tive medo que morresse, aí falei com Jesus e prometi mil terços para o pai não morrer. Ele era o líder da comunidade de Forquilhinha. Papai achava que a profissão de médico era para os homens, mas com o apoio da mãe e dos irmãos, ele concordou que fizesse a medicina. "Você deve escolher sua profissão" dizia. Ele era bom conselheiro. Na última semana de sua vida me fez a surpresa de me visitar em minha casa e me deu os últimos conselhos. Papai foi o homem que me plasmou com amor plenamente durante toda sua vida".

Para Zélia, a caçula da família. "Papai era o máximo. Autêntico pai, chefe de família e da comunidade, sempre à frente de toda organização de maior porte, da Igreja, do colégio, dos negócios, da política, das estradas e pontes, da energia elétrica, de entendimentos das comunidades vizinhas. Junto dele tinha-se a sensação de solidez, segurança, integridade em todas as facetas. Gostava muito dos filhos e as desavenças entre eles eram resolvidas só com o olhar. Era religioso, ia à missa todos os domingos com a mãe e os filhos. Dava muita importância aos estudos. Queria ver a última filha ainda formada. Papai era amante da natureza. Cultivava as árvores frutíferas, as rosas e as orquídeas. Ele sempre procurava manter a raça no gado leiteiro da raça holandesa e jersey. Ele era um Pai para nós dois, para o Aroldo e para mim".

O grande jornalista e professor universitário, José Wanderley Dias, escreveu no livro "Tempo do Pai" "Os Arns são conhecidos e têm eles muito que fazer, permanente e continuadamente, para viver e transmitir o legado de sabedoria que herdaram de seus pais, mesmo que esses não tenham chegado às culminâncias universitárias de seus descendentes".

Dos filhos do pai Gabriel, quem mais procurou transmitir sabedoria às mães pobres para prevenir a morte prematura de seus filhos foi a médica pediatra e sanitarista Dra. Zilda Arns, casada com o economista Aloysio Bruno Neumann, a quem dedicamos o presente livro.

O PAI DE ZILDA

GABRIEL ARNS

Os treze filhos de
Gabriel Arns e Helena Steiner Arns

OS ANTEPASSADOS MATERNOS DE ZILDA

O BISAVÔ PETER JOSEPH STEINER

Renânia, região da Alemanha, é a terra do povo mais alegre da Alemanha. Deste recanto pitoresco dos vinhedos às margens do rio Reno, partiram o bisavô de Zilda, Peter Joseph Steiner com esposa Catarina Laux e filhos, em 1863, rumo ao Brasil.

O bisavô de Zilda era escritor, jornalista, músico, pintor e agrimensor de profissão. Na lembrança da mãe Helena, os antecedentes Steiner partiram de Koblenz, cidade de cultura milenar. A missão do bisavô de Zilda era transmitir, às gerações novas, os grandes valores dos tempos velhos e dedicar-se de corpo e alma à nova terra, a pátria por adoção. "O amalgamar do sentimento da cultura milenar do passado com as raízes da mata-virgem do presente, formou o alicerce de uma personalidade forte incrustada de uma grande força interior".

Os antecedentes de Zilda, conforme relatos, dirigiram-se primeiro a Petrópolis, depois a Brusque. Em 1867, de acordo com o "Kolonie Zeitung" 29, de 20 de julho, se dirigiram ao Capivari, onde a família Arns já havia se estabelecido.

Peter Joseph Steiner, bisavô de Zilda, era homem baixo (1.70 m) estatura fina, olhos vivos, enérgico, grande senso de justiça e espírito de liderança. Colocava os interesses da comunidade acima de quaisquer outras. Era organizado nos mínimos detalhes, mas, no fundo, era homem simples que, nas horas vagas, pintava os mais lindos quadros, escrevia versos para aniversários e poemas para casamentos, arte que passou para o filho Max Joseph.

Seu artigo no "Hansabote" nº 12, de 02.09.1905, em língua alemã, nos dá exata notícia da vida simples do povo do Capivari.

Para o sustento das famílias, trabalhavam nos morros do Capivari onde colhiam o milho para alimentação dos porcos e das galinhas e, também, a farinha de milho para o pão caseiro.

Os domingos constituíam os encontros sociais das famílias quando contavam, uns aos outros, o que se havia passado durante a semana. Os jovens cantavam e dançavam como se não tivessem trabalhado durante a semana.

Aos domingos era dever sagrado ir ao "Gottes dienst"=ato religioso. Todos cantavam com júbilo do fundo do coração em louvor e agradecimento a Deus. O lema era: "Beten und Arbeiten" = rezar e trabalhar. Este era o homem culto que sabia ser simples e apreciar as coisas simples do dia a dia.

Peter Joseph Steiner foi um homem profundamente religioso, cheio de fé, esperança, confiança e apreço à comunidade. Ele lançou a semente para tantas vidas religiosas como os cinco religiosos da família de Zilda Arns.

AVÔ DE ZILDA ARNS
MAX JOSEPH STEINER

Max Joseph Steiner, avô materno de Zilda, era o filho mais velho da família, casado com Ema Rodius. Era homem forte de corpo e espírito, olhos vivos e músico de talento. Organizou a orquestra de São Martinho do Capivari na qual tocava o saxofone. Dançava bem. Era a alegria da comunidade. Organizava as festas no salão da igreja.

O avô de Zilda tinha um temperamento leve, mas, também, herdou a bravura e coragem de seu pai que lhe valeram na revolução do país em 1893: A inquietação geral agitava o país. Boatos de revolta ecoavam em todas as regiões do país com ameaça de revolução. Era a revolta dos revolucionários contra os governistas. Tubarão, Braço do Norte e Capivari foram palcos de pequenas batalhas. Por exemplo, quarenta homens apareceram no Capivari. A intenção era atravessar o Estado de Santa Catarina para juntar-se às tropas no Desterro. Os colonos do Capivari, comandados pelo chefe, Max Joseph Steiner, lhes fizeram resistência. Houve uma chacina, mas alguns soldados conseguiram escapar. Houve novos encontros, mas veio, então, a notícia do término da revolução. A paz voltou a reinar em Tubarão e no Capivari para felicidade e tranquilidade de todos. Os colonos agradeceram a Deus e ao chefe do "batalhão", Max Joseph Steiner, pelo espírito de bravura, pela coragem e pela organização estratégica demonstrada durante o episódio. A vitória foi de todos. Unidos queriam preservar suas propriedades que haviam sido saqueadas pelos soldados e queriam preservar suas famílias.

O avô de Zilda, Max Joseph Steiner, também publicava relatos nos jornais como o do "Hansabote" de 13.04.1901 em que mencionava a fundação do "Volksverein" o clube da sociedade, nas bases do já existente em Blumenau. Max Joseph escreve em seu relato: Nós esperamos servir de grande apoio ao "Verein".

Tanto o bisavô como o avô de Zilda tinham grande preocupação com o bem estar e a cultura de sua comunidade de São Martinho do Capivari.

Nesse ambiente de alegria, música e cultura nasceu a mãe de Zilda, a menina Helena.

OS ANTEPASSADOS MATERNOS DE ZILDA

Bisavós: Peter Joseph Steiner e esposa Catarina Laex
Avós: Max Joseph Steiner e esposa Carolina Locks com seus filhos.

A MÃE DE ZILDA
HELENA STEINER

No dia 03 de março de 1894 nascia, no meio de lutas e desafios no Capivari, a menina que no batismo recebeu o nome de Helena Steiner.

Aqui é preciso fazer um aparte. Max Joseph Steiner perdeu a esposa Ema Rodius e Carolina Locks ficou viúva de Anton Arns, filho de Philipp Joseph Arns. Aos cinco filhos Steiner de Max Joseph se juntaram os dois filhos Arns de Carolina Locks quando se casaram os dois viúvos supra mencionados. Do novo casal nasceram os novos Steiner: Henrique, Pedro, Bernardo, Ana, Verônica, Helena e Carolina. Uma família numerosa para encantar o lar na comunidade de São Martinho do Capivari.

A menina Helena era forte, olhos pretos, cabelos claros, tez morena, que às três semanas recebeu os brinquinhos, vaidadezinha que conservou pela vida afora. Esta menina deu alegria aos pais e aos irmãos. Era inteligente e muito trabalhadeira desde pequena. Aos três anos de idade dançava no salão no meio dos adultos. Na escola era boa aluna. Cedo aprendeu tocar violino, mas mestra mesmo era na sua gaitinha de boca que tocava, dançava e ensinava os filhos a dançar. Nas aulas de catecismo com os padres missionários, Helena, 8 anos, inconscientemente sentiu seu primeiro amor. É que o jovem Gabriel, (12 anos), era sobrinho de Carolina Locks e , por isso, tinha passe livre na casa da tia, e ele "sempre sabia tudo no catecismo", dizia Helena.

Os padres, no Capivari, não eram apenas assistentes religiosos para os imigrantes, eram os assistentes do corpo e da alma, sem medir sacrifícios de dia ou de noite, no calor ou no frio. Na época das missões tudo parava e as mentes se voltavam inteiramente a Deus. O povo se confortava com as mais belas pregações e lindos cantos. Neste ambiente de respeito, de religiosidade e de amor, crescia a menina Helena para se tornar uma moça prendada, cheia de beleza interior e exterior. Embora muito cobiçada, a providência Divina reservava, para seu coração, o Gabriel que a pediu em casamento aos 19 anos de idade.

O noivo de Helena era precavido: Desde 1911 começou a preparar a base principal para o sustento, comprou a terra, construiu a casa e plantou a roça em Forquilhinha. Gabriel tinha pouco estudo, mas era assíduo leitor de jornais e livros de história e histórias dos avôs Arns e Hülse o que abriu seus horizontes e lhe deu uma visão para seus planos futuros.

Em 1913, Gabriel voltou para o Capivari onde se casou com Helena Steiner, mãe de Zilda. Logo depois do casamento se despediram dos familiares e amigos, da casa do pai Max Joseph com sua orquestra para bailes e para festas de igreja e da comunidade.

A viagem de núpcias era uma viagem de três dias no lombo do cavalo por montes e vales para chegar à sua primeira morada ainda incompleta, às margens do rio São Bento. Em 1918 morreu a filhinha Irma. Foi um momento de profunda dor para a mãe Helena, pois nem fotografia conseguira tirar da menina. A mãe Helena, de espírito forte e fé em Deus, sentiu-se conformada quando entrou na segunda morada, de sua propriedade, ao lado do rio Mãe Luzia em Forquilhinha.

Em 1922, o pai Gabriel cedeu sua segunda morada para seu irmão Augusto e comprou a casa de comércio de Frederico Oterding.

Essa mudança era, para a mãe Helena, muito radical. Agora era não só cuidar da casa e dos filhos, era, também, atender um marido de negócios, mas, tudo florescia.

O espírito empreendedor do pai Gabriel reconhecia que a pequena casa de comércio não suportava o movimento crescente. Construiu um sobrado para a família e os negócios que abrigavam todas as mercadorias de que uma comunidade carece. Agora a mãe Helena estava ainda mais atarefada, pois, na grande cozinha do casarão comandava as empregadas que preparavam a comida, por vezes para 30 a 40 pessoas principalmente no inverno, época da safra suína.

Cresceu a família e crescia a empresa com suas preocupações que exigiam, do pai Gabriel e da mãe Helena, saúde e força para vencer.

A mãe Helena sempre dava apoio irrestrito aos negócios do pai Gabriel, também na instalação de sua indústria: as "As oficinas do seu Gabriel". Em janeiro de 1927 instalou um locomóvel a vapor para girar o enorme beneficiador de arroz, a serraria, a plainadeira, a marcenaria e a olaria. Nesta última o pai Gabriel engajava os filhos, à tarde, para ocupá-los. A ferraria era tocada pelo tio Jorge Steiner, o contador de histórias para as crianças, à noite.

Em 1938 o pai Gabriel construiu uma nova residência para a família, onde a mãe Helena podia ter mais tranquilidade para criar os filhos. Para lá se transferiu com a família em 1939, ano em que rompeu a segunda guerra mundial, época em que foram perseguidos aqueles que ainda falavam a língua alemã. A família viveu um período de pânico. As crianças, menores, dormiam sobressaltadas na cama da mãe Helena que as acalmava com suas orações. O pai, como líder da comunidade era, também, alvo da polícia que já havia prendido tio Jacó, primeiro professor de Forquilhinha, Ricardo Steiner, um inocente alfaiate e Antônio Papior, o grande técnico alemão em suinocultura.

A casa nova da família era, sem dúvida, uma referência especial. A mãe Helena estudava nos grossos livros sobre medicina, que o pai Gabriel encomendava da Alemanha através do "Raphaelsverein", pois, Forquilhinha não tinha médico, nem hospital, nem enfermeira. A mãe Helena era a "médica missionária" que largava tudo para atender os doentes pobres que chegavam à sua casa, curava as feridas, as crianças cheias de vermes, dava conselhos às mães e às mulheres maltratadas pelos maridos e outros.

A menina Zilda assistia aos tratamentos e ajudava a mãe Helena. Ela acompanhava a mãe Helena nas visitas aos velhinhos.

Era desígnio de Deus preparar a futura médica missionária.

Em 1944, o pai Gabriel vendeu as oficinas e fundou a Sociedade União Colonial da qual foi presidente.

Em 1956, os pais de Zilda se retiraram de Forquilhinha por motivo de saúde do pai Gabriel, a conselho médico, para um lugar de clima mais alto. Em Curitiba já estudavam seus filhos. Construiu sua última morada na Rua Presidente Wilson, 641, onde se realizou, depois de formada em medicina, o casamento de Zilda Arns com o economista Aloysio Bruno Neumann, chamando-se, desde então, Zilda Arns Neumann, a quem dedicamos as próximas páginas.

A MÃE DE ZILDA

HELENA STEINER ARNS

A FAMÍLIA DOS PAIS DE ZILDA

Zilda, pequena, de quatro anos, na frente do irmão Frei João Crisóstomo

ZILDA ARNS
E
SUA TRAJETÓRIA
DE VIDA

ZILDA ARNS

"Der Mensch denkt und Gott lenkt"
(O homem pensa e Deus guia)
"É a fé que a família é capaz de colocar no cotidiano. O imigrante e seus descendentes são homens e mulheres da Bíblia. Está tudo previsto no destino de Deus. Deus administra nossas vidas".

São as palavras sábias do avô de Zilda, Max Joseph Steiner, na última visita de sua filha, mãe Helena.

"Do avô aprendemos a virtude da alegria, da hospitalidade e do perdão", disse Zilda.

Entre os descendentes de que fala o avô, está a Zilda Arns Neumann a quem dedicamos as páginas seguintes.

A INFÂNCIA EM FORQUILHINHA

Zilda Arns nasceu no dia 25 de agosto de 1934, em Forquilhinha, Estado de Santa Catarina.

O pai Gabriel e a mãe Helena deram-lhe a vida, a graça, a beleza, o afeto, o espírito de sacrifício, a abnegação, a fé que se compromete com o Evangelho e, sobre ele, constrói todo um programa de vida.

Cedo a menina Zilda recebeu o apelido de "Tipsi". A mãe Helena dizia que "Tipsi" significava "Puepchen" = bonequinha. Era a menina bonita com bochechas rosadas como as bonecas bonitas que vinham da Alemanha.

Essa "bonequinha" mamou no peito da mãe Helena até os três anos de idade. Nasceu comprida, mas magrinha e "ela me deu muito trabalho", diz a mãe Helena que comprou uma cabra e "ela gostou do leite de cabra e ficou gordinha". A própria Zilda confirmava isso mais tarde dizendo: "A mãe Helena me dava de mamar com doce envolvimento. Quando o pai entrava no quarto de surpresa, dizia: "Tão grande e ainda mamando no peito!" "Ele me dava um beijo".

"Hoje eu penso", diz Zilda, "meus pais me criaram com aquilo que existe de melhor: leite de peito, carinho e alegria. Isso representa: uma escola de amor, diálogo e saúde".

Em 1938 Zilda tinha quatro anos de idade. Era a grande festa de primeira missa do irmão mais velho, Frei João Crisóstomo. No dia antes da festa, o pai Gabriel fez a barba na frente do espelho pendurado na parede e saiu. Não havia mais ninguém no quarto. "Trepei na cadeira", diz Zilda, "peguei a tesoura da gaveta e aparei as franjas dos meus cabelos. Fui pega em flagrante por minhas irmãs que ficaram brabas. Papai veio, me levou no colo e acalmou-me pedindo que não fizesse mais. Até hoje olho a tesoura com respeito", concluiu Zilda.

Vale o provérbio do pai Gabriel: "Criança que não 'brinca', não é criança".
"Na verdade", diz Zilda, "Frei Crisóstomo, meu irmão mais velho, sempre me apoiou e estava sempre preocupado com meu desenvolvimento físico, social, mental, espiritual e cognitivo, antes e depois da Pastoral da Criança".

Aos seis anos de idade foi para a escola de manhã e, à tarde, costumava fugir de casa para cuidar dos bebês da prima. Ela gostava de crianças desde pequena.

Aos dez anos de idade, Zilda fez seu grande ensaio para ser a comentarista na igreja, durante a missa. O pai estava muito doente, na cama, de uma crise de cálculos na vesícula. Por isso, ela voltou logo depois da missa para casa onde encontrou o tio Geraldo Westrup, amigo de papai, sentado no baú. "Papai me pegou na mão com carinho", disse Zilda, quando o senhor Geraldo comentou: "A coisa mais linda na missa foi ver esta menina na frente puxando as orações".

Foi seu exercício de desembaraço para enfrentar o público mais tarde.

Foi nessa ocasião que Zilda foi para o quarto, se ajoelhou e falou com Jesus: "Qual o sacrifício que Deus aceita em troca da cura de meu pai? Pensei nos "terços" que para mim eram uma paciência. Mas, quantos? Cem, Duzentos, era ainda pouco. Com mil "terços" terei dado minha cota máxima de sacrifícios. Assim fiz. Além disso, todos os dias íamos à igreja rezar para o pai não morrer". O amor vence tudo. Foi um ato heróico de Zilda, de profunda religiosidade.

Na verdade o pai se recuperou depois de uma cirurgia pelo Dr. Guenter em Porto Alegre. O médico recomendou uma temporada na praia.

Assim que o pai Gabriel tinha condições de viajar, foram feitos os preparativos para as férias na praia de Arroio do Silva a seis quilômetros de Araranguá. Zilda conta os detalhes em seu livro "Depoimentos Brasileiros". "Dia dos Reis Magos", 6 de janeiro, o transporte dos mantimentos e das pessoas era feito de carro de boi e de charrete. Nós não tínhamos ainda um caminhão. Quem não cabia em nossos "meios de transporte", ia a pé durante um dia de viagem. Até uma vaquinha para leite e galinhas vivas nos acompanhavam. Era a falta de supermercado para a então única casa do pai Gabriel naquela praia, além das choupanas dos pescadores. Foi uma temporada bonita. Naquele ano tivemos a visita de parentes por alguns dias que encheram o sobrado com setenta e duas pessoas. À noite era cama para todos os lados, mas não antes de soar o coral a quatro vozes na área da frente da casa intercalando o canto com a cuia de chimarrão. Duas vezes por dia íamos tomar banho no mar e o pai Gabriel, já um pouco melhor, ficava nos vigiando e fazia o sinal para a saída do banho. "Todos obedeciam logo". O piquenique fazíamos para o Morro dos Conventos, atrás do qual desemboca o rio Araranguá no mar. Bela paisagem. Hoje um lindo ponto turístico no sul de Santa Catarina. "O sol era quente e nós, apesar dos chapéus, pois não havia protetores solares na época, com a pele ardida, não nos queixávamos. Era divertido demais rolar as altas dunas abaixo, verdadeiros morros de areia", dizia Zilda.

A nossa temporada foi até o fim de fevereiro naquele ano. O pai Gabriel estava bastante recuperado para a alegria de Zilda e de toda a família.

Essa temporada foi, sem dúvida, uma grande oportunidade para aprender a convivência humana.

Em 1939 rebentou a Segunda Guerra Mundial. Era a perseguição aos descendentes de alemães que ainda falavam a língua alemã. O pai Gabriel, como líder da Comunidade de Forquilhinha, era alvo da polícia além dos já presos e o fechamento da escola bilíngüe. A mãe

Helena chorava. "Uma noite de lua nova ajudei a mãe Helena a levar o 'gramofone' (toca discos), e mais uns cem discos para enterrar no mato. Eu tinha oito anos em 1942. Fizemos de tudo para não prenderem o pai Gabriel", comenta Zilda com plena confiança em Deus.

Quando acabou a guerra estava tudo enferrujado, pronto para jogar fora. Era a vez do desprendimento aprendido por Zilda aos oito anos de idade.

A ESCOLHA DE ZILDA

Toda menina que se preza tem, no fundo do coração, uma vaidadezinha. Zilda não era exceção. Aos nove anos de idade, Zilda teve a licença da mãe Helena para escolher seus tamancos na Cooperativa da Sociedade União Colonial onde fazíamos as compras. Tio Leonardo Steiner, que atendia os fregueses, trouxe um grande número de tamancos para a Zilda. "Eu, entretanto, gostei de uns tamancos coloridos de salto alto, de adulto, que vi na prateleira e os comprei. Quando cheguei em casa, meus irmãos morreram de rir, pois, achavam ridículo eu me vestir como moça, de salto alto". Papai interveio: "Ela comprou e está bem". "No domingo seguinte fui à missa com os tamancos coloridos de salto alto, pois os achava maravilhosos, e a moda pegou entre as meninas da comunidade", afirmou Zilda.

Era o espírito firme de decisão marcado pelo exemplo de uma menina de nove anos.

AS FESTAS ESPECIAIS: PÁSCOA E NATAL

A menina Zilda participava, vivamente e ativamente, das festas especiais da família em que o social e o folclórico se mesclavam com o religioso, como a Páscoa e o Natal. Zilda nos dá um relato sobre a Páscoa no livro "Tempo do Pai", com todos os detalhes: "Durante toda a Quaresma", diz ela, "guardávamos as cascas de ovos. Quando gastávamos a gema e a clara, abríamos apenas a ponta para poderem ser enchidos de amendoim doce, pelo coelhinho. Eram pintados com

"Feliz Páscoa". O significado desses ovos era de que pela Páscoa se dava a Ressurreição de uma vida nova. O ovo já havia dado sua vida, mas se enchia outra vez com nova vida. Na véspera da Páscoa, íamos ao mato buscar barbas e flores silvestres para preparar o caminho para o coelhinho, no jardim. Tudo era encanto. No sábado antes da Páscoa, íamos bem cedo para a igreja assistir a liturgia da bênção do fogo e da água. À noite, mal podíamos dormir de tanta alegria. Domingo de manhã todos cantávamos "Aleluia" e íamos em procissão para o jardim. Qual a surpresa: O coelhinho tinha mexido nos ninhos e colocado uns em cima de arbustos no meio dos galhos. Cada um tinha que achar o seu ninho. Era uma festa. Papai e mamãe observavam a nossa alegria".

O Natal era uma festa toda especial na família, principalmente para as crianças. O pai Gabriel tirava o tempo para ficar com as crianças na véspera enquanto a mãe Helena e as irmãs mais velhas enfeitavam o pinheirinho e todos os demais preparativos para o encontro no presépio do menino Jesus.

No dia vinte e quatro de dezembro, as crianças iam brincar no pasto enquanto aguardavam a vinda do menino Jesus. O pai Gabriel levava o lanche para as crianças. Este lanche continha algumas bolachinhas que o "Christkind" tinha queimado um pouco no forno grande da casa. A expectativa era grande. Ao anoitecer todos se enfileiraram por idade, os menores na frente. No portão esperávamos. O pai Gabriel abria o portão e as crianças cantavam, em alemão, "Ihr Kinderlein kommet"= "Ó vinde crianças a cantar, todos ao presépio de Belém". Na sala estava o pinheirinho com as velinhas acesas que faziam as bolas cintilar. Debaixo do pinheirinho a surpresa de um presente para cada um. Ajoelhávamos para rezar pedindo ao menino Jesus que protegesse cada um da família. Em seguida o canto "Noite Feliz", que todos cantavam do fundo do coração. Só então cada um podia abrir o pacotinho do presente. Tudo era alegria. Esta festa de Natal se prolongava até a meia-noite quando todos iam à "Missa do Galo" na igreja do Coração de Jesus de Forquilhinha".

A infância de Zilda em Forquilhinha foi muito rica e feliz. Agora partia para uma nova experiência de vida, mais séria, na segunda morada em Curitiba, longe do pai Gabriel e da mãe Helena.

CURITIBA, A SEGUNDA MORADA DE ZILDA

Na escola de Forquilhinha ainda não havia o ginásio. Zilda fez até a quinta série e, aos dez anos e meio veio a decisão de continuar os estudos. Florianópolis não tinha ainda, na época, uma Universidade. A decisão recaiu sobre Porto Alegre ou Curitiba. Zilda, com o pai Gabriel, escolheram Curitiba onde já estudavam seus irmãos mais velhos.

Era uma viagem longa de Forquilhinha até Curitiba, capital do Paraná. Papai nos acompanhava na longa viagem de dois dias, naquela época.

Zilda conta, em "Tempo do Pai", a sua viagem da casa paterna até a Segunda Morada em Curitiba: "Às quatro horas da madrugada saímos de Forquilhinha de charrete até Sangão. Na estação da estrada de ferro pegamos o trem Dona Tereza Cristina até Laguna, quatro horas de viagem. Depois de um almoço, seguimos de ônibus até Florianópolis onde pernoitamos no hotel de um amigo do pai Gabriel. No dia seguinte, às cinco horas da madrugada partimos no ônibus "Catarinense" para Curitiba onde chegamos à meia-noite. Naquele tempo a estrada era ruim, cheia de pó, sem asfalto, com mil e uma curvas. Eu me sentia mal, vomitava, disse Zilda. Quando o ônibus parava, papai mandava tomar um "Bitter", sempre me animando. Dizia que mais um pouco terminavam as curvas e aí "tudo devia melhorar". Era o coração bondoso do pai preocupado com o bem-estar da filha.

Em Curitiba o pai Gabriel havia construído uma casa para os filhos que não queriam mais ficar no pensionato. Era uma casa de dois pisos com quatro quartos, banheiro, sala de estudos e ampla copa-cozinha. Lá já estavam os filhos: Otília, Laura, Hilda, Felippe, Ida, Bertoldo e, agora, mais a Zilda, a mais nova da casa. Tudo estava bem organizado. O Felippe era o chefe da casa. Ele tinha uma cantina e, às vezes, sofria prejuízo com a visita das irmãs.

Na casa era tudo bem dividido, uma equipe perfeita. Todos estudavam, mas cada qual tinha sua tarefa na casa; Um fazia o café da manhã, outro preparava o almoço, outro lavava a louça, outro encerava a casa, outro cuidava do jardim e das galinhas e todos jogavam voley no campinho do terreno. Era uma vida comunitária perfeita onde todos se ajudavam, cantavam e tocavam piano e violino nas horas de lazer. Foi um convívio muito fraterno longe dos pais Gabriel e Helena que, de vez em quando, nos visitavam com abundantes víveres, como presunto, queijos, carne de porco em conserva, geléia de pêra, feijão, arroz e, o principal diz a Zilda, "muita atenção e carinho".

Nos dias de semana seguíamos o lema dos antepassados: "Beten und Arbeiten" (orar e trabalhar). O nosso trabalho principal eram os estudos. Mas, aos domingos, participávamos dos jogos na Congregação Mariana do Bom Jesus, após a missa. Participamos dos campeonatos de tênis de mesa em esfera nacional. O Felippe era o treinador. Eram as duplas femininas e as duplas mistas masculino e feminino. Zilda tinha, também, seu par para jogar. O Arnaldo e Zilda eram os mais altos da equipe. Era nosso lazer aos domingos.

Zilda fez o exame de admissão ao ginásio no Colégio da Divina Providência na Rua do Rosário no centro de Curitiba, onde cursou depois o ginásio. Era longe de casa, da Rua Ângelo Sampaio, 138, na Água Verde. Em dias de chuva levava um par de sapatos e meias para trocar antes de entrar no bonde, na Rua Iguaçu, para chegar limpinha no colégio.

O científico, hoje Segundo Grau, Zilda fez no Colégio Sagrado Coração de Jesus, na Rua Iguaçu, mais perto de casa e podia ir a pé.

Nesses dois Colégios Zilda era, também, esportista de voley-ball. Sua equipe era, todos os anos, campeã nos jogos colegiais. Aí vale o adágio:
"Mens Sana in Corpore Sano"(mente sã em corpo são).

Com todas as tarefas, estudos e lazer, Zilda continuava firme no seu propósito de estudar medicina para ser médica e, na sua intenção, ser "médica missionária".

PEPARANDO O CAMINHO PARA A MEDICINA

Zilda teve sempre, desde pequena, a intuição de médica. Esse carisma fez parte de sua vocação de missionária que ela sempre quis ser.

"Sua carreira de médica se inspirou no exemplo da mãe e

do pai que praticaram atividades sociais em todas as ocasiões, em todas as fases de suas vidas. Foi um casal voltado para o social, sem programação secundária, mas de ação direta do dia a dia" diz Frei João Crisóstomo, ao se referir à sua irmã Zilda que quis ser médica e não professora como todas as suas irmãs.

De fato, Zilda se inspirou na escola da mãe Helena observando e praticando, como ela própria diz: "Eu, ainda pequena, sempre estava ao lado dela, observando e ajudando-a nos curativos ou buscando remédios caseiros a que ela se referia. Ela ensinava a preparar chás, cataplasmas, bafos de água quente misturados com cinza e sal para gripes e bronquites, receitava banho de água quente e sabão neutro para unhas encravadas e feridas, sebo de carneiro derretido que, com suas qualidades, cicatrizava logo as feridas. Dava banho quente com sabão em crianças carentes cobertas de feridas. "Eu gostava", dizia Zilda, "de acompanhar o tratamento e ouvir os conselhos que ela dava às mães e aos doentes. Quando ela percebia que os casos inspiravam maiores cuidados, sempre encaminhava as pessoas aos médicos, ao Hospital São José de Criciúma. Chegou a levar doentes, pessoalmente, de charrete, ao hospital: "Mãe Helena era a "médica" educadora da Comunidade de Forquilhinha".

Muitas vezes pensei: será que não foi aí que Deus pôs uma semente na mente e no coração de Zilda para desabrochar e crescer durante longos anos, preparando sua ação de médica missionária?

A própria Zilda escreveu um dia: "Talvez minha vocação de médica tenha nascido ajudando a mãe na cura, principalmente das crianças. Ela sempre me deu a maior força para minha missão de vida".

Com a mãe Helena, Zilda aprendeu a participar com responsabilidade. "Ela era", para Zilda, "a maior educadora para a responsabilidade que conheci na vida. Tínhamos longas horas para brincar, ir à escola, fazer as lições e trabalhar, levantar cedo e segurar o rabo das vacas enquanto tiravam leite".

Foi a lição aprendida da mãe Helena. "Até hoje", diz Zilda, "gosto de levantar cedo, organizar minha vida para ser eficiente no trabalho e em todas as minhas missões".

A FIRME DECISÃO DE ZILDA

"A educação é o que mais falta a este mundo e é o que tem o maior poder de transformá-lo", foram as palavras do pai, à filha Zilda, para convencê-la a ser professora, como suas irmãs, pois era a vocação da família para as mulheres.

De fato, na época, eram poucas as mulheres médicas e o pai achava que a "medicina era para os homens". A mãe Helena apoiava a idéia de médica, pois, ela havia sentido na pele, de corpo e alma com sua vocação natural, o quanto sua filha, como médica, poderia contribuir para a cura dos doentes, principalmente dos mais carentes.

Zilda estava firme na sua decisão. Só faltava convencer o pai Gabriel que apoiasse sua vocação.

Aos dezesseis anos, Zilda cursava o segundo ano do científico, hoje chamado Ensino Médio, no Colégio Sagrado Coração de Jesus em Curitiba, estado do Paraná. Como de costume, todos iam para casa nas férias. Neste ano também os irmãos de Zilda, Frei João Crisóstomo e Frei Evaristo (Hoje o Cardeal Dom Paulo Evaristo), estavam em Forquilhinha. Lá o assunto era a carreira de Zilda que queria ser médica e médica missionária. Com certa diplomacia, os dois irmãos passeavam no gramado da casa com o pai e discutiam o assunto. O pai Gabriel, que sempre havia apoiado a filha Zilda em todas as ocasiões, se enterneceu e reconheceu que Deus traça o desígnio das pessoas. Juntos voltaram ao encontro de Zilda quando o pai lhe disse: "Você deve escolher a sua profissão".

O coração de Zilda palpitou dentro do peito, embora sentisse a grande responsabilidade de enfrentar o vestibular e um curso longo e pesado de Medicina. Agora era estudar com afinco e vencer.

De volta a Curitiba, "dediquei-me à luta de estudar". Isso no último ano do científico.

Terminado o segundo grau, Zilda, com fé em Deus e o "terço" no bolso da blusa, se dirigiu à Universidade Federal do Paraná para enfrentar o vestibular com novecentos e sessenta candidatos inscritos para cento e vinte vagas. Depois do exame, voltou para casa e foi encerar o chão da cozinha da nossa casa de estudantes. Tudo era expectativa. Felippe a desafiara dizendo; "se passar no vestibular, terá que encerar, também, as paredes da cozinha", Zilda aceitou o desafio.

Naquele sábado, Felippe foi, discretamente, verificar a lista dos candidatos que haviam passado para o Curso de Medicina. Voltou para casa e disse à Zilda: "Pode encerar as paredes da cozinha".

Zilda pulou de alegria. Era a resposta que ela desejava do fundo do coração. Passaram cento e catorze homens e seis mulheres no vestibular de Medicina em 1953 e "eu era uma delas" disse Zilda, agradecendo a Deus e ao apoio da família.

O CURSO DE MEDICINA

Vencido o primeiro desafio, do vestibular, Zilda enfrentava agora o Curso de Medicina por longos seis anos. O pai a havia alertado que ela se sentiria acanhada no meio de tantos homens. De fato, os cento e catorze homens contra seis mulheres não era um equilíbrio na balança do convívio dos estudantes de Medicina. Ela própria confessou: "Sentia-me constrangida no primeiro ano de Medicina no meio de tantos homens". Além disso, o Curso não era exatamente o que ela esperava. O pai Gabriel percebeu o estado de espírito da filha e disse que mudasse de curso caso não estivesse satisfeita. Ela, no entanto, de vontade férrea e, apesar dos obstáculos, decidiu vencer.

O primeiro desafio era lidar com os cadáveres. "Meu estômago estava revoltado. Quando entrava no necrotério pensava onde estariam as almas daqueles corpos jogados uns sobre os outros nos tachos de formol"?

"Tudo aquilo era um mundo totalmente diferente do que eu vivera até aí" Entretanto, sempre com o "terço" no bolso da blusa, "eu enfrentava as dificuldades", dizia Zilda.

A felicidade voltou quando Zilda começou a lidar com doentes no hospital. O primeiro aprendizado começou como primeira mulher estagiária no Hospital Nossa Senhora das Graças, das Irmãs Vicentinas.

"O contato com os doentes me encantava. Fazia plantões no hospital"

No segundo ano do Curso de Medicina, Zilda sentiu a felicidade da presença da mãe Helena e do pai Gabriel que vieram morar em Curitiba. Agora Zilda podia estudar mais tranquilamente. Cedo a mãe Helena fazia o café enquanto ela estudava. O pai Gabriel continuava com seus conselhos, agora à médica "in fieri", sobre a nutrição. Conta Zilda que o pai dizia que "o corpo humano é complexo e que o médico devia ter uma compreensão melhor das interferências da vida na saúde das pessoas".

Nesse convívio com o pai e a mãe, Zilda percebeu que, como médica, podia dar assistência aos próprios pais que tanto amava. Isso de fato aconteceu até o fim da vida deles, com o apoio de seu professor Dr.Lysandro Santos Lima, o grande clínico dos pais.

Um dos problemas no Curso de Medicina eram os livros caríssimos. Zilda sabia que o pai Gabriel agora não era mais aquele jovem e grande empresário de Forquilhinha, mas vivia de sua aposentadoria. Inteligentemente apresentava duas opções de livros para comprar: um mais caro e outro mais barato, da importante matéria básica: Anatomia Descritiva. A mãe Helena logo perguntou: "Qual é melhor"? Zilda respondeu: "Os dois servem, mas, segundo o professor, o mais caro é melhor", no que a mãe disse: "A sua profissão é a que mais mexe com a vida humana, sempre escolha aqueles livros que melhor servem à sua formação".

Na verdade, a mãe Helena tinha uma vaquinha que dava trinta e seis litros de leite que não podiam ser consumidos todos em casa e ela vendia o excedente à Cooperativa de Laticínios. Zilda, então, levava o latão de leite ao ponto do caminhão, antes das aulas,e, no fim do mês pagava a prestação do livro de Medicina com o dinheirinho do leite da vaquinha da mãe Helena.

O zelo da mãe Helena pela filha Zilda, futura médica, era extraordinário.

Zilda conta que quando chegavam as provas na Faculdade, ela levantava cedo para estudar e, quando via, lá estava a mãe Helena trazendo café, gemada e outros. Ao sair de casa, ela dizia: "Coragem, hoje cada enxadada na horta oferecerei a Deus, pedindo por você".

A mãe Helena era o máximo. No quarto ano do Curso de Medicina começaram as operações de cachorros. Zilda discutia com a mãe Helena o apoio logístico. Ela recolhia os "vira-latas" da rua, tratava-os bem para resistirem às cirurgias. Zilda levava os cachorros, envoltos em toalhas e jornais, de ônibus, para a Universidade e, depois da cirurgia, trazia-os de volta para as camas no paiol que a mãe Helena havia preparado. Foram dez as operações ao todo. Os professores se admiravam da saúde dos cachorros que haviam até engordado. "Tirei sempre dez, com todos os elogios, graças à extraordinária participação da minha mãe".

Quando perguntavam se queria ser cirurgiã, "eu pensava comigo, melhor é cuidar para que ninguém precise ser operado. A vocação de sanitarista era a que eu tinha nas veias". Era a vocação que Zilda guardava nas veias desde criança.

Passaram-se os seis anos de estudos de Medicina e aproximava-se a formatura. Zilda conta que no dia da formatura, "lá no palco, atravessando toda a fila dos formandos o grande Professor Lysandro Santos Lima de Clínica Médica, que me acompanhava nos estágios no Hospital Nossa Senhora das Graças, veio me abraçar. Eu me sentia incompetente diante de tanto sofrimento humano e o mestre dizia: "Trata o paciente com esse respeito que você tem e mergulhe nos livros. Essa é a receita".

Atrás dele estava minha mãe que era paciente dele, cheia de satisfação interior ao ver a filha, depois de tantas lutas vencidas, coroada com o Grau de Médica que ela tanto ajudou a construir.

Depois da alegria, o grande susto da mãe Helena. É que no dia seguinte à formatura havia a missa dos formandos na igreja Santa Terezinha. Certa hora, o padre pediu que todos levantassem os anéis para benzê-los. O susto foi das duas: mãe e filha. Zilda não tinha falado do anel, pois as despesas eram sempre grandes e, "além do mais", diz Zilda, "eu ia casar uma semana depois da formatura o que representava mais gasto. Minha mãe me olhou e me repreendeu, queria dar-me tudo e disse: "Amanhã vamos comprar o anel, este lhe quero dar". Assim aconteceu." Nunca mais deixei de usá-lo. Lembra o relevo a mística da Medicina, que cuida do corpo e da alma das pessoas", disse Zilda.

O anel de formatura foi tirado do dedo no dia doze de janeiro de dois mil e dez e está guardado no quarto de Zilda.

ALEGRIA E DOR NO CORAÇÃO

Gabriel, o pai de Zilda, foi seu conselheiro permanente. A mãe Helena sua "médica" educadora na infância que lhe proporcionou uma estrutura que lhe valeu para a vida profissional de médica e, sobretudo, médica missionária. As lições da casa materna acompanharam-na na adolescência, mesmo longe de casa, e para a formação de sua própria família.

Zilda valorizava, por exemplo, a festa de Natal e atribuía, às festas religiosas, parte de sua cultura.

Um dia, já casada, o marido pediu-lhe para passar o Natal na casa dos sogros. Indecisa, aconselhou-se com sua mãe Helena, sempre muito compreensiva, que lhe disse: "Fico por demais feliz que você vai deixar seu marido e seus sogros felizes no mais belo dia do ano. Vou rezar para que você saiba convergir para a família maravilhosa de seus sogros todos os encantos do Natal, eles merecem essa graça". Assim Zilda se libertou, umbilicalmente, da casa materna para dividir seu amor, no dia da festa mais importante do ano, com a casa paterna do marido, onde foi sempre cordialmente recebida.

A família Neumann era uma família tradicional e bem constituída de Campo Largo da Piedade a pouco mais de vinte quilômetros de Curitiba. O pai de Aloysio, Hermann, era homem alto, forte, robusto, de fala marcante, especialista na produção de bons vinhos que atraíam sempre os amigos, até políticos como o Plínio Salgado com quem mantinha boa conversa. O patriarca nasceu em Osnabruek, Alemanha. Emigrou para a América do Sul, estabeleceu-se no Paraguai, mudou-se para Argentina e finalmente, fixou-se em Campo Largo da Piedade, perto de Curitiba. A mãe de Aloysio, Gertrudes, de estatura média, olhos escuros, vivos, tez morena, muito bonita, alegre e sempre acolhedora. O casal Neumann tinha quatro filhos e dez filhas. Era uma família profundamente religiosa. Um filho se tornou sacerdote e depois Cônego Osvaldo da Igreja Católica. Realizou-se como Secretário Geral do Arcebispado de Curitiba e era braço direito do Arcebispo Dom Pedro Fedalto. É padrinho do Rubens, filho mais velho de Zilda e muito amigo da família.

Em vinte e dois de setembro do ano de 1931, nasceu, do casal Neumann, seu filho que recebeu, no batismo, o nome de Aloysio Bruno Neumann que cresceu forte para a alegria dos pais e dos irmãos.

Como adolescente fez o Curso de Marcenaria no Cefet. Em seguida passou no Vestibular da Universidade no Curso de Ciências Contábeis. Era Economista de profissão e de fisico forte como seu pai, olhos escuros, cabelos pretos, bem apessoado, "bem bonito", na opinião de Zilda.

Esse moço, também de origem alemã, estava predestinado para ser o marido e o pai dos filhos de Zilda.

No tempo de estudante de Medicina, Zilda costumava ir à missa quase diariamente. Aloysio também era religioso. Certo dia Zilda e Aloysio se encontraram na porta da igreja do Coração de Maria.

Na verdade, Zilda era colega de duas irmãs de Aloysio e, com isso, a conversa com ela se tornou mais fácil. Pediu para acompanhá-la até em casa: "Queria conversar mais um pouco". Zilda, desconfiada, logo reagiu dizendo: "Se for para namorar, a resposta é não, porque vou ser missionária"". Aloysio insistiu e confessou: "Pode ficar tranquila, porque jamais serei um obstáculo nos seus projetos de médica". Esta resposta calhou bem no coração de Zilda e ela se acalmou. Começou a gostar de Aloysio e, aos poucos, começaram a namorar o que se firmou no quinto ano de Medicina.

Noivaram, e Frei João Crisóstomo, Diretor Geral da Associação Franciscana de Ensino Senhor Bom Jesus, convidou o Aloysio para ser diretor da Faculdade de Administração e Economia (FAE). No dia dezoito de dezembro de 1959, Zilda se formou em Medicina e no dia vinte e seis de dezembro do mesmo ano casaram-se os noivos Zilda Arns e Aloysio Bruno Neumann. Frei João Crisóstomo fez o casamento na igreja do Bom Jesus e a festa se realizou na casa dos pais de Zilda com a presença de todos os familiares. Aí Zilda Arns passou a assinar seu nome como Zilda Arns Neumann.

Depois da lua de mel, passaram a residir em sua primeira morada na vila Macedo, Curitiba, onde nasceram seus filhos:

Marcelo, que morreu aos três dias de vida de trauma de parto, os outros cinco filhos nasceram todos saudáveis: Rubens, Nelson,

Heloísa, Rogério e Sílvia.

Mais tarde passaram a morar em Campo Largo da Piedade onde cresceram os filhos, fortes, e se desenvolveram no lar feliz de Zilda e Aloysio, na casa a caminho da estrada de Bateias, Paraná.

Nem tudo, no entanto, era alegria. Nem tudo era felicidade.

Zilda também passou seus dias de sofrimento e de dor.

A primeira dor profunda foi causada pela morte de trauma de parto do seu primeiro filho, Marcelo.

Após dezoito anos de convivência feliz em família, perdeu o marido, Aloysio Bruno Neumann. Era, mais uma dor profunda para a alma sensível de Zilda.

Aloysio se dirigiu à praia de Betaras, no litoral paranaense, para verificar o andamento da construção da casa que estava construindo para a família. Nelson, de doze anos, acompanhava o pai e mais uma menina tutelada, filha da empregada que morrera, Sandra. As crianças entraram no mar, um pouco depois também o pai, quando a menina Sandra caiu num buraco e Aloysio procurou salvá-la. "Nelson socorreu os dois. O pai soltou a mão da menina e Nelson procurou "colocar o rosto do pai para fora da água", mas em vão. "Ele deve ter tido um enfarte e se afogou, aos quarenta e seis anos de idade, cheio de vida e de sonhos", diz a Zilda. A menina foi salva.

Foi um golpe duro para uma mãe de cinco filhos menores, entre catorze e quatro anos de idade. Depois do enterro do pai, os filhos, profundamente abalados, perguntaram à mãe Zilda, se ela daria conta de criá-los todos". Era uma pergunta difícil de responder, mas o sofrimento fortalece o espírito.

Zilda foi à luta para novamente vencer. Criou os cinco filhos, fortes, robustos, sadios, belos e, como o pai Gabriel, pôs todos a estudar e se formar no Ensino Superior.

OS FILHOS DE ZILDA

1 RUBENS – Médico Veterinário, dono de um rebanho de alta linhagem da raça holandesa e guarda grande número de prêmios recebidos em exposições de gado leiteiro. É pai de um casal de filhos.

2 NELSON – Possui graduação em Medicina pela Universidade Federal do Paraná, Mestrado em epidemiologia pela UF de Pelotas, doutorado em saúde pública pela USP; coordenador adjunto da Pastoral da Criança; coordenador internacional da Pastoral da Criança nomeado pela diretoria do conselho de administração do organismo, reunido no dia 10 de fevereiro de 2010. É pai de três filhas.

3 HELOÍSA – Psicóloga com Pós-graduação em Desenvolvimento de Recursos Humanos. Criou uma metodologia de gerar emprego e renda para a população carente que foi classificada em primeiro lugar no Sul do Brasil pelo SEBRAE. É mãe de um casal de filhos.

4 ROGÉRIO – Administrador de Empresas. Realizou Cursos de Pós-Graduação no Canadá. É pai de um casal de filhos.

5 SÍLVIA – Administradora de Empresas com Pós-graduação em Desenvolvimento de Recursos Humanos. Faleceu aos trinta anos de idade em acidente de trânsito. Deixou um menino, Danilo.

A Alegria e as dores cobriram a família de Zilda Arns Neumann, pediatra e sanitarista, que aprendeu no lar de seus pais, não só prevenir a morte de mil e uma crianças pobres, educar as mães carentes, mas, com heroísmo, venceu as dificuldades da vida, criando seus cinco filhos, lançando neles a semente para prosseguirem na obra que Deus lhe confiou desde sua infância.

ZILDA E SUA CARREIRA PROFISSIONAL

Como médica casada, a Dra Zilda devia conciliar a vida profissional com a vida de família. Deus foi bondoso com Zilda, dando-lhe um marido compreensivo que respeitava a profissão de médica de sua esposa, ajudando-a nos afazeres domésticos e nos cuidados dos filhos nas horas vagas.

Dra. Zilda, jovem médica, recém-formada, pensava, principalmente, no número grande de crianças que morrem prematuramente no Brasil. Era necessário elaborar uma Metodologia para prevenir e resolver esse problema. Era preciso unir o poder particular com o público, mas como? Qual o ponto estratégico para conseguir melhorar a situação existente? Ela disse em certa ocasião: "Quando trato de políticas públicas para crianças e adolescentes nos Conselhos Federais, ou com lideranças dos poderes Executivo, Legislativo e Judiciário, sempre recomendo a implantação da Educação Integral. Sai muito mais barato do que cuidar da violência e da criminalidade, sem contar que evita o terrível sofrimento da criança, da família e da sociedade".

Foi a chave para sua vida profissional: Educar para prevenir. Foi esse o lema. Como começar?

Como estudante de medicina, "eu não sabia siquer aplicar uma injeção quando as Irmãs Vicentinas do Hospital Nossa Senhora das Graças me convidaram para fazer Estágios Voluntários no hospital". Era a oportunidade para aprender e Zilda foi morar no hospital, onde foi escalada para os plantões nas sextas-feiras. "Aprendi rapidamente o serviço de enfermagem", disse Zilda com orgulho. E as experiências com doentes se multiplicavam. Os doentes gostavam de Zilda, como Carolina, com doença de Chagas em fase terminal, lhe disse: "Sei que vou morrer, mas estou sempre a rezar para você se tornar uma excelente médica e ser sol para muitos outros, como você é sol para mim, neste meu fim de vida". A alegria dos doentes era a satisfação de Zilda. Mas, esta alegria durou pouco. Ela foi despedida. Por quê? A resposta da Madre veio quarenta e dois anos depois: "Zilda era muito bonita e eu tinha medo que ela se perdesse".

A profunda dor a fez chorar alto em casa por uma semana. Com dor no coração, ela refletiu sobre o acontecido, pois "eu estava me saindo bem no trabalho e meu Professor, Diretor Clínico do Hospital, sempre me elogiava e estimulava", dizia Zilda.

Mas, Deus escreve certo por linhas tortas, diz o povo.

Zilda foi, então, convidada pelo pediatra, Dr. Raúl Carneiro Filho, responsável pelo setor das crianças abaixo de um ano no Hospital Público de Crianças César Perneta, que a recebeu de braços abertos. "Lá eu atendia somente crianças indigentes".

Foi agora que a semente colocada na mente e no coração de Zilda, quando criança, começou a desabrochar.

Engajada no trabalho do hospital, Zilda dizia a si mesma:

"Era muito triste ver o sofrimento das crianças. Eu sempre me questionava sobre por que não ensinar as mães a prevenir doenças e a terem mais cuidado com seus filhos. Via todos os dias crianças desidratadas e a diarreia acontecia, na maioria das vezes, por ignorância da mãe que trocava o leite materno pela mamadeira e não tinha higiene no preparo da comida. Aí, Zilda se lembrou que o pai Gabriel estava certo quando falava em Educação, pois, "eu, no exercício da medicina, fiz muito mais Educação para prevenção de enfermidades do que curas e reabilitações. Sem dúvida, minha educação sempre foi a vocação da minha família e da minha Comunidade": Prevenir antes de remediar, ensinando as mães.

Esse trabalho voluntário no Hospital durou cinco anos de experiência. Foi um rico aprendizado na escola do Dr. Raul Carneiro.

Na verdade, os estágios de Zilda, sem remuneração, despertaram na mente de Zilda, a ideia do Voluntariado na Comunidade que aplicou, mais tarde, na Pastoral da Criança.

Depois de formada em medicina, a nova médica Zilda pensava no seu primeiro emprego. Dr. José Weniger conhecia e reconhecia o valor médico da jovem, agora formada, e aconselhou seu Concurso na Saúde Pública. "Eu rezava para São José, padroeiro das famílias e, por coincidência ou não", disse Zilda, "a minha nomeação saiu no dia dezenove de março, dia de São José. Era o meu primeiro emprego, publicado no Diário Oficial em 1960, como médica da Secretaria de Saúde do Estado do Paraná".

Dra. Zilda dirigia os Postos de Saúde da Secretaria de Saúde e descentralizou os serviços dos mesmos para as periferias por meio da Associação de Proteção à Maternidade e à Infância Saza Lattes que "serviam de campo de estágio em Saúde Pública Materno–Infantil aos Residentes da Pediatria do Catedrático Dr. Plínio de Mattos Pessoa da

Universidade Federal do Paraná".

Em 1965, Dra. Zilda assumiu a Direção da rede dos Postos de Saúde da Secretaria de Saúde do Estado do Paraná, quando fundou vinte e sete clubes de mães, anexos à Associação Saza Lattes, para proporcionar Educação às mães pobres.

"O Dr. Plínio de Mattos Pessoa", diz Zilda, "foi de grande apoio e estímulo na minha vida profissional de Administração Sanitária".

"Depois da morte do meu marido", disse Zilda, "minha família me aconselhou a pedir demissão da Direção da rede dos Postos de Saúde da APMI Saza Lattes, para me dedicar mais a meus filhos, todos menores". Foi o que aconteceu.

Dra. Zilda foi, então, colocada no departamento de Planejamento da Secretaria de Saúde quando foi indicada para coordenar o Ano Internacional da Criança, promovido pela UNICEF e pelo Ministério da Saúde. Isso em 1979. Com as entidades da Igreja, Prefeituras, Secretários de Educação e da Agricultura, Setor Emater, "escolhemos, juntos, quatro prioridades para o trabalho em conjunto, tendo como eixo a criança e sua família: Aleitamento Materno, Vacinação, Saneamento básico e utilização da farinha de soja na merenda escolar e para as famílias".

Com textos preparados, foram capacitadas as lideranças para cada uma das estruturas acima apontadas. "Foi um sucesso nas escolas com o apoio extraordinário dos professores", disse a Zilda.

Acalmados os trabalhos do Ano Internacional da Criança e, a pedido do Secretário de Saúde, "elaborei uma Metodologia para combater a epidemia de Poliomielite que havia rompido em União da Vitória, Paraná. Fui, então, nomeada para coordenar a Campanha de Vacinação Sabin. Essa Metodologia foi, depois, adotada pelo Ministério da Saúde em todo o Brasil". Dr. Sabin e senhora vieram assessorar a Campanha. Foi um sucesso. "Fui chamada ao Ministério da Saúde para explicar a Metodologia e os resultados obtidos, aos Secretários de Saúde e responsáveis pela vigilância sanitária dos Estados, pois a epidemia estava se alastrando em todo o país".

Voltando à capital do Paraná, Zilda foi convidada para dirigir o Departamento de Saúde Materno - Infantil do Estado. "Desenhei uma estratégia para capacitar e motivar, por meio de cursos: As enfermeiras, os diretores e os médicos. Era preciso capacitar os Recursos Humanos para: A humanização no atendimento, ações básicas como prevenção de câncer na mulher, pré-natal, parto de qualidade, reidratação oral, vacinação de rotina, vigilância nutricional,e, sobretudo, o aleitamento materno". Os meios de comunicação, como rádio e televisão, deram seu apoio com espaços semanais principalmente para falar sobre o aleitamento materno. "Foram tempos de grande realização profissional", disse Zilda.

Com a mudança de governo do Estado, tudo foi paralisado e "eu fui entre as primeiras a ser demitida do cargo". Os materiais educativos foram incinerados para a grande dor de Zilda.

Um ano depois procuraram a Zilda para assessorar a retomada das ações, porque havia muita reclamação da população, mas ela já estava comprometida com uma nova missão. Era a Pastoral da Criança que envolvia a Igreja na educação das famílias pobres e suas crianças menores de seis anos e gestantes e tinha o apoio da UNICEF.

De tudo isso Zilda concluiu: "Apesar de sempre me sentir feliz em todos os trabalhos, essa foi minha mais eficiente contribuição à saúde pública no Brasil e, aos poucos, também, em dezenas de outros países".

OS ESTUDOS PÓS-GRADUADOS

Em 1972, Zilda foi selecionada pela Secretaria de Saúde Pública do Paraná para fazer um Curso Pós-graduado em Pediatria Social na Universidade de Antioquia em Medelín, Colômbia, promovido pela Organização Pan-Americana de Saúde. Fez entrevista no Ministério de Saúde, então no Rio de Janeiro. Foi para Medellín, onde encontrou colegas de outros países sul-americanos e do Caribe. "Durante o Curso de Pediatria Social, percebi a absoluta necessidade de planejar estratégias intersetoriais para superar problemas de Saúde Pública". Lá recebeu apoio e estímulo para o aprendizado, do Diretor do Curso, Dr. Rodrigo Solozano.

Seu segundo Curso Pós-Graduado em Administração do

Programa de Saúde Materno- Infantil, na Fundação Osvaldo Cruz, foi no Rio de Janeiro.

Era longe, mas as saudades venciam as doze horas de ida e doze horas de volta cada fim de semana durante os três meses do Curso.

Realizou o terceiro Curso Pós-Graduado em 1977, sobre Saúde Pública na Universidade de São Paulo (USP), de um ano.

"Sentia", diz ela, "necessidade de aprender mais para ter igualdade de condições nos debates com os sanitaristas e com as lideranças de secretarias da saúde pública", embora tivesse experiência do trabalho intersetorial o que esse curso confirmava. "Gostava das aulas do Professor Rui Loretti em Epidemiologia e Estatística e da Professora Ruth S. Marcondes de Educação para a Saúde".

Deus, porém, lhe reservava, daqui para frente, uma nova tarefa missionária: A Pastoral da Criança.

Os filhos de Zilda e Aloysio

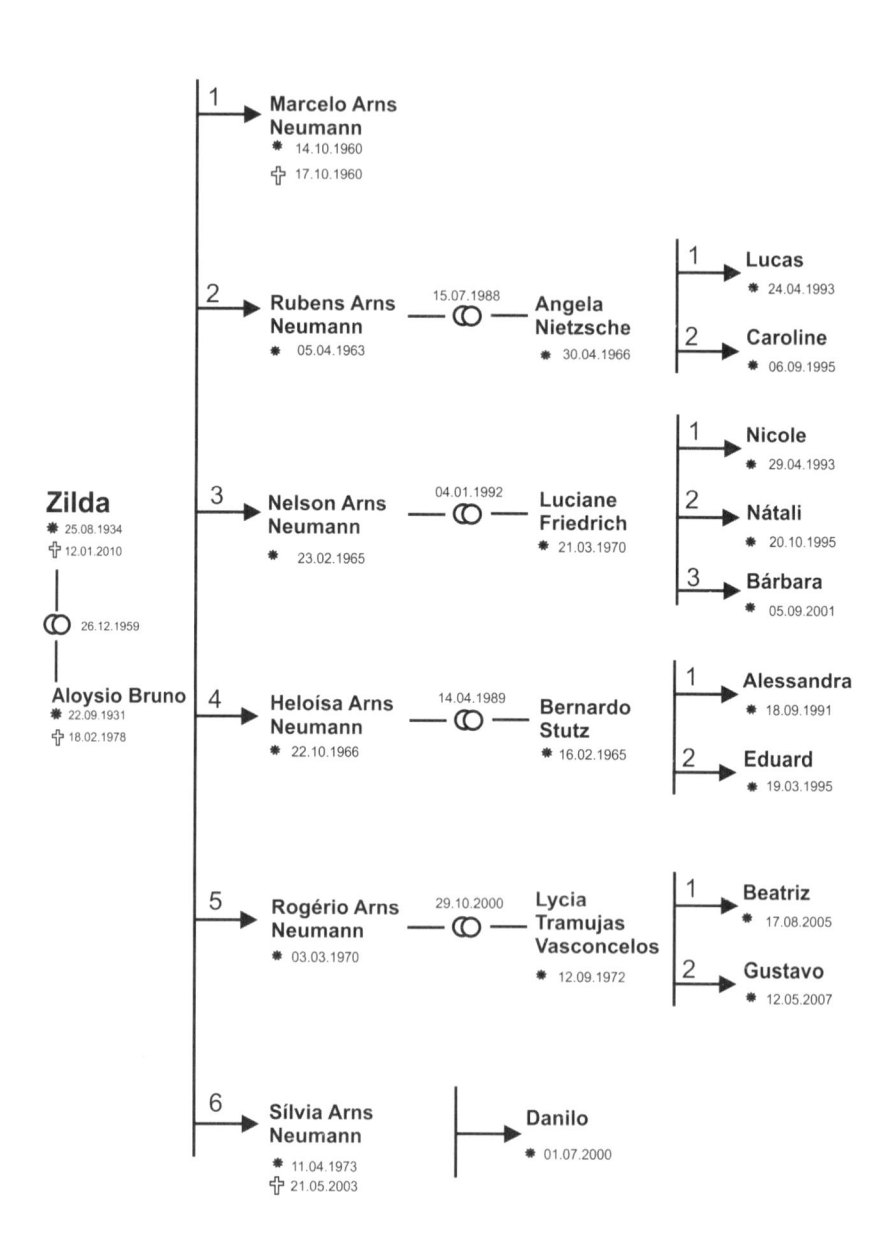

Zilda
✱ 25.08.1934
✝ 12.01.2010

⚭ 26.12.1959

Aloysio Bruno
✱ 22.09.1931
✝ 18.02.1978

1. **Marcelo Arns Neumann**
   ✱ 14.10.1960
   ✝ 17.10.1960

2. **Rubens Arns Neumann**
   ✱ 05.04.1963
   — 15.07.1988 ⚭ — **Angela Nietzsche**
   ✱ 30.04.1966
   1. Lucas ✱ 24.04.1993
   2. Caroline ✱ 06.09.1995

3. **Nelson Arns Neumann**
   ✱ 23.02.1965
   — 04.01.1992 ⚭ — **Luciane Friedrich**
   ✱ 21.03.1970
   1. Nicole ✱ 29.04.1993
   2. Nátali ✱ 20.10.1995
   3. Bárbara ✱ 05.09.2001

4. **Heloísa Arns Neumann**
   ✱ 22.10.1966
   — 14.04.1989 ⚭ — **Bernardo Stutz**
   ✱ 16.02.1965
   1. Alessandra ✱ 18.09.1991
   2. Eduard ✱ 19.03.1995

5. **Rogério Arns Neumann**
   ✱ 03.03.1970
   — 29.10.2000 ⚭ — **Lycia Tramujas Vasconcelos**
   ✱ 12.09.1972
   1. Beatriz ✱ 17.08.2005
   2. Gustavo ✱ 12.05.2007

6. **Sílvia Arns Neumann**
   ✱ 11.04.1973
   ✝ 21.05.2003
   — Danilo ✱ 01.07.2000

FOTOS DE ZILDA E FAMÍLIA

ZILDA NASCEU NO SOBRADO DO PAI GABRIEL

CASA PATERNA

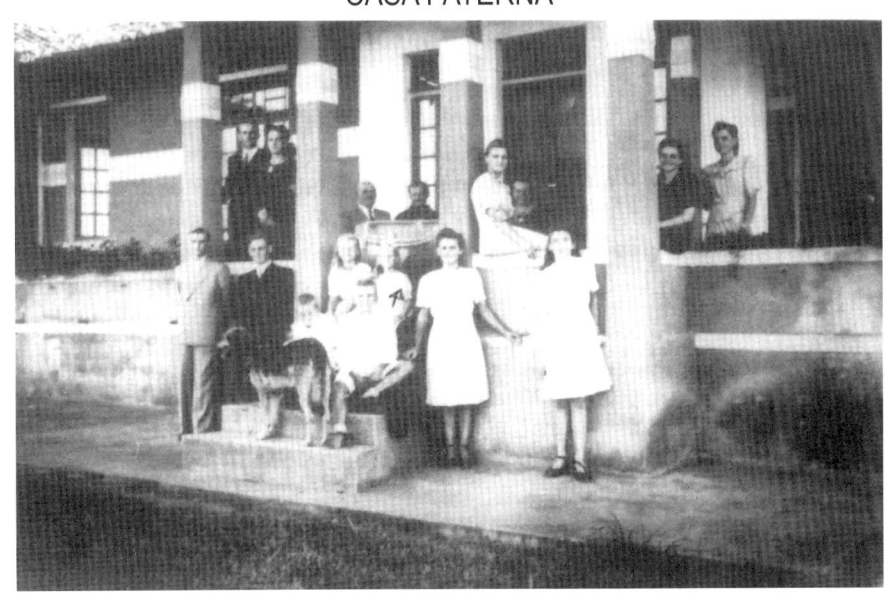

ZILDA PASSOU SUA INFÂNCIA EM FORQUILHINHA

ZILDA ADOLESCENTE

A FIRME DECISÃO DE SER MÉDICA MISSIONÁRIA

O NOIVADO

ZILDA E ALOYSIO - NOIVOS

O CASAMENTO

ZILDA E ALOYSIO

OS NOIVOS COM OS PAIS

A FAMÍLIA DE ZILDA

ZILDA E ALOYSIO BRUNO COM OS FILHOS

ZILDA COM O FILHO RUBENS E NETOS: LUCAS E CAROLINE

FILHO: ROGÉRIO E ESPOSA LYCIA
NETOS: BEATRIZ E GUSTAVO

ZILDA COM A FILHA: SÍLVIA
E NETO: DANILO

De pé, da direita para a esquerda: Rogério, Bernardo, Carlos, Sílvia, Lucas e Nelson. Sentados, da direita para a esquerda: Rubens, Ângela, Alessandra, Heloísa, Zilda, nenê Eduard, Luciane e Nicole. - 1995.

Zilda com os cinco filhos adultos

A PASTORAL DA CRIANÇA E A PASTORAL DA PESSOA IDOSA

A PASTORAL DA CRIANÇA
SOB O PRISMA DA DRA. ZILDA

"Esta é uma história de muito amor, garra, ações concretas dificuldades e esperanças. Uma visão de Fé e Vida"

O NASCIMENTO

Na verdade, a ideia da Pastoral da Criança nasceu em 1982, em Genebra, na Suissa, quando Mr. Grant, Diretor da UNICEF, procurou Dom Paulo Evaristo, Cardeal Arns, solicitando que a Igreja ajudasse a salvar a vida de milhares de crianças no mundo. Dom Paulo levou o pedido à sua irmã, Zilda, pedindo sua viabilização.

Zilda rezou para o Espírito Santo e pediu inspiração. "Esse trabalho feito pela Igreja, deveria ser altamente replicável, barato, atraente e impulsionado pelo amor fraterno", pensou Zilda. Ela reorganizou, na mente, todas as experiências vividas até então, a partir da vivência com a mãe Helena, agente comunitária em Forquilhinha; da experiência no Hospital de Crianças Cezar Perneta com as crianças da periferia, e todas as experiências que vivera na saúde pública, onde havia posto em prática todas as ações básicas de saúde e nutrição. "Esse trabalho de Igreja" dizia Zilda, "deveria ter um verdadeiro espírito missionário, de amor ardente que não espera, mas que vai ao encontro daqueles que mais precisam".

A experiência de vinte e sete anos com crianças carentes e mães pobres, estava em sua mente e no seu coração.

E, a metodologia a ser empregada no trabalho da Pastoral da Criança?

Zilda lembrou-se da metodologia que "Jesus aplicou no episódio do milagre da multiplicação de cinco pães e dois peixes, que saciaram a fome de cinco mil homens" de acordo com o Evangelho de São João.

"Adaptei" diz Zilda "a metodologia ao projeto, ao organizar as comunidades e identificar líderes, que, capacitadas e com espírito de fraternidade cristã, multiplicariam o saber e a generosidade nas famílias vizinhas". Perguntou-se, então, Zilda: "Como líderes analfabetas poderiam ser estimuladas a multiplicar o saber"?

Aí, entra, novamente, a fé profunda da médica missionária, Zilda, que diz: "Tenho certeza de que, com a graça de Deus, a gente se dispõe a achar os caminhos. As lideranças, num processo de evangelização e de promoção continuada, serão abençoadas e farão o milagre da multiplicação do saber e da própria solidariedade humana".

A profunda fé em Deus e a confiança absoluta no ser humano, davam à Zilda "a certeza de que reduziria a mortalidade infantil, a desnutrição e a violência familiar com a educação das mães e das famílias".

Antes, no entanto, de colocar sua metodologia em prática, Zilda se lembrou que deveria aplicá-la num Experimento em pequena escala para testar sua eficácia na obtenção dos resultados. Foi isso que aconteceu.

Com o apoio de Dom Geraldo Majella Agnelo, designado pela CNBB, e com algumas informações obtidas da Irmã Eugênia Pietta, responsável pela paróquia de São João Batista em Florestópolis, norte do Paraná, a cem quiilômetros de Londrina, foi lançado o Projeto Piloto da Pastoral da Criança, entre as famílias de boias-frias que trabalhavam nos canaviais e/ou nas colheitas de café ou algodão.

"A partir desses momentos, ficou decidido que a história da Fé e Vida, começaria a ser colocada em prática na Paróquia de São João Batista, que tinha o tamanho do município de Florestópolis (14700 habitantes), fazendo educação participativa, como aprendi na Universidade de São Paulo e durante toda minha vida profissional", diz a médica missionária, Zilda.

A IMPLANTAÇÃO DO PROJETO PILOTO

Como toda a ação missionária costuma começar com a bênção de Deus, este projeto piloto da Pastoral da Criança começou com a celebração da santa missa, rezada pelo então Arcebispo de Londrina, Dom Geraldo Majella. Depois da missa, Dom Geraldo cedeu a palavra à Zilda que explicou, com palavras simples, a intenção da implantação do projeto no município, a metodologia a ser aplicada, "a escolha de líderes e a identificação das famílias com gestantes e com crianças de zero a seis anos de idade. As líderes formariam redes de solidariedade humana para multiplicar o saber e a própria solidariedade, com base no espírito de Fé e Vida".

As palavras de Zilda despertaram entusiasmo e aplausos.

No dia seguinte, Zilda reuniu as vinte líderes e mapearam o município em pequenas comunidades, nas áreas rurais, urbanas. "Com o mapeamento, foram identificadas setenta e seis líderes comunitárias"

Havia, então, a necessidade de capacitar as líderes para o trabalho da Pastoral da Criança. Para tanto, Zilda preparou apostilas, elaboradas especialmente para esse trabalho, "contando as cinco ações básicas de saúde, em linguagem simples e compreensiva: pré-natal, aleitamento materno, vigilância nutricional, soro caseiro e vacinação". Estava, assim, lançado o Projeto Piloto da Pastoral da Criança em 1983. Não bastava, no entanto, lançar o Projeto Piloto da Pastoral da Criança, era preciso capacitar as líderes para executarem o trabalho. Zilda conseguiu a colaboração do Distrito Sanitário de Londrina que colocou técnicos à sua disposição para o treinamento das líderes. Entre esses, Zilda cita "a enfermeira Cléa Nascimento, filha de pastor presbiteriano e a assistente social, Maria Alexandrina Vargas Scalassara".

Com a equipe de cinco pessoas, procurou capacitar as líderes para as cinco ações básicas de saúde.

Com todo esse esforço de Zilda, vale a voz do povo que diz: "Não há rosas sem espinhos". Médicos de Florestópolis, descrentes, quiseram testar a eficiência do soro caseiro e a capacidade da médica sanitarista, Zilda, mandando uma criança à beira da morte, desidratada. Era um caso muito difícil e Zilda disse: "Pedi a Deus que ajudasse. Instruiu três líderes capacitadas em soro caseiro, orientou-as para passar a noite de plantão com a menina, dando soro e leite materno. "No dia seguinte, a menina estava reidratada, então pedi às líderes que a levassem ao médico. A partir desse caso, os médicos começaram a respeitar o tratamento com soro oral", escreveu Zilda.

Não foi apenas a salvação da menina desidratada. "A mortalidade infantil em Florestópolis baixou de cento e vinte e sete para vinte e oito por mil nascidas vivas, em um ano".

"Aconteceu", disse Zilda, "como no milagre da multiplicação dos cinco pães e dois peixes,... cada líder capacitada multiplicava seu saber por dez a vinte famílias, e cada vez aprendiam mais. A mística cristã era o motor que impulsionava o trabalho", afirmou Zilda.

O trabalho do projeto pioneiro foi acompanhado, por Zilda, uma vez por mês e controlado nos mínimos detalhes nas reuniões com as líderes.

Certo dia, o Dr. Aeron Lechtig da UNICEF foi a Florestópolis para analisar, juntamente com a médica sanitarista, Zilda, os indicadores dos resultados obtidos pelas respostas anotadas pelas líderes. Ele ficou feliz e disse à Zilda: "Você descobriu o caminho que leva à educação das famílias". Na verdade, as famílias das crianças e gestantes em Florestópolis mudaram, mas, "o que mais mudou, fomos nós mesmas", afirmaram as líderes do projeto pioneiro.

Além da experiência em saúde e nutrição realizada em Florestópolis, foi, na ocasião, introduzido o trabalho da horta caseira para as famílias pobres, com a ajuda da prefeitura, da Comunidade e da Emater. "Em pouco tempo havia mais de setecentas hortas novas", na área de Florestópolis.

A EXPANSÃO DO PROJETO PILOTO DA PASTORAL DA CRIANÇA

Nada na vida flui sem a compreensão e críticas, nem a evidência dos resultados positivos do projeto pioneiro de Florestópolis.

A CNBB soube do sucesso do trabalho da Pastoral da Criança em Florestópolis. Os Bispos do Brasil se encontravam em Assembléia Geral em Itaici, SP. A pedido do Secretário Geral, Dom Luciano Mendes, Zilda foi convidada a explicar os resultados obtidos de seu projeto pioneiro, aos Bispos reunidos em Itaici: Gostaram da experiência em Florestópolis. Um Bispo de Pernambuco, no entanto, levantou a voz e disse: "Dra. Zilda, a senhora fala em amamentação, mas nossas mãezinhas do Nordeste estão desnutridas. Eu desenvolvi um projeto, com o apoio da Alemanha, para comprar leite para nossas crianças, para que elas não morram. Zilda escutou a voz do Bispo com calma e respondeu que "o leite deveria ser distribuído às mães e não às crianças para que elas tivessem melhores condições de amamentar seus filhos, porque o leite materno preparado pela sábia natureza de Deus de jeito nenhum deveria ser substituído, a não ser por razões graves". Não foi apenas a voz do Bispo de Pernambuco, mas sim outras críticas surgiram, inclusive da Igreja. Outros achavam que o assunto caberia ao governo.

Dom Geraldo Majella e Zilda discutiram o assunto e resolveram começar a expandir o projeto da Pastoral da Criança em Dioceses de Bispos muito amigos, onde contavam com pessoas favoráveis ao trabalho. O primeiro alvo foi São Paulo, a Arquidiocese do irmão de Zilda, Dom Paulo Evaristo e do Bispo Auxiliar, Dom Luciano Mendes. Em Porto Alegre, o apoio foi de sua irmã, Irmã Maria Helena que se empenhou na implantação do projeto em Santo Antônio da Patrulha. Em Maceió, Alagoas, Dom Miguel Fenelon Câmara Filho, amigo de Dom Geraldo, solicitou a implantação do projeto em sua diocese. ,No Maranhão, Dom Pascásio Rettler, Bispo de Bacabal e amigo da família de Zilda, quis implantar o projeto. Em São Luiz do Maranhão, o franciscano, Frei Eurico Loher, convidou Zilda para conhecer a favela do Coroadinho. Por coincidência, encontrou a Irmã Therezinha Rebouças de Mello que havia sido capacitada por Zilda em Florestópolis. Ela aceitou o desafio de coordenar a Pastoral da Criança no Maranhão. Zilda voltou ao Maranhão depois de três meses para verificar o andamento do trabalho.

"No avião, senti-me cansada e com uma dor profunda, pois, não conseguia entender como pessoas boas pareciam não compreender minha missão. Eu passava por momentos de muitas críticas e, mesmo, agressões verbais, às quais respondia com o silêncio", lamentava Zilda.

"Rezei a Deus, nesse momento da viagem, e pedi-lhe que me desse um sinal visível se deveria prosseguir", pensou Zilda.

Em São Luiz, Frei Eurico levou Zilda à capela do Coroadinho. Não havia ninguém na frente da capela. Zilda, apreensiva, pensou: "Este é o sinal que pedi a Deus, deveria ter pelo menos algumas mulheres".

Mas, Deus escreve certo por linhas tortas. Qual a surpresa

de Zilda quando Frei Eurico abriu a porta! A capela estava cheia de mulheres e crianças. "No corredor, duas filas de crianças me jogaram pétalas de rosas vermelhas". Emocionada Zilda pensou: "Era essa a resposta, o sinal visível que havia pedido a Deus durante a viagem. Eu deveria prosseguir firme na minha missão da Pastoral da Criança na qual sempre havia acreditado".

Em Fortaleza, o Cardeal Dom Aloysio Lorscheider, amigo da família de longa data, indicou a Irmã Maria Mattildes para coordenar a Pastoral da Criança em Fortaleza.

Mais tarde, Dom Aloysio disse à Zilda: "Quando você veio me pedir apoio, eu não acreditava que desse certo. Hoje tenho a convicção de que a Pastoral da Criança é a maior bênção para a Igreja e para o País". Irmã Mattildes também sofreu duras críticas em seu trabalho quando lhe diziam que deveria exigir que o governo cuidasse do saneamento básico e do emprego, ao que a Zilda respondeu: "Até isso acontecer, quantas crianças morreriam, quantas delas seriam empurradas para a rua?".

Zilda sabia que para prosseguir com o trabalho da Pastoral da Criança, era preciso inteirar não só os coordenadores estaduais e diocesanos, mas, também, realizar cursos especiais para os Bispos para que "eles aprofundassem o conhecimento deles sobre a mística cristã e a metodologia que une Fé e Vida, na luta de reduzir a mortalidade infantil, a desnutrição e a violência nas famílias".

Zilda voltava, periodicamente, às dioceses para apoiar o trabalho e reciclar os coordenadores e observando os resultados com as crianças e mães pobres.

"Sentia-me realizada em plenitude", dizia Zilda, "como cristã e profissional, nesse sonho tornando-se realidade. Sentia Deus à frente, orientando-nos e protegendo-nos".

É PRECISO ACREDITAR NA MÍSTICA DA FÉ E VIDA

Em Maceió, a enfermeira, designada pelo Bispo, era descrente do trabalho do projeto da Pastoral da Criança. Ela disse à Zilda, na chegada: "Dra. Zilda, a senhora não se iluda. Aqui no Nordeste esse plano não vai dar certo não. Trabalhar com voluntário de maneira contínua, não vai dar certo de jeito nenhum".

Em Brejal moravam mais de quatro mil famílias em condições de extrema pobreza, catavam mariscos no mar para sobreviver. Muitas crianças morriam por diarreia, desnutrição, pneumonia e outras doenças de fácil prevenção com vacinas. A Irmã Vicência de Mello, vicentina, morava nesse bairro e ajudou a Dra. Zilda a capacitar líderes. Foram distribuídas as colherinhas-medida para preparar o soro caseiro. Todos estavam entusiasmados.

A enfermeira descrente foi por trás e recolheu todas as colherinhas. Perguntada pela Dra. Zilda por que do fato, ela respondeu: "ah, não dá para confiar nesse povo. É muito perigoso". A Dra. Zilda assumiu toda a responsabilidade e disse: "Exatamente aí está o sucesso da Pastoral da Criança. Pela sua simplicidade e praticidade, até mesmo uma líder analfabeta sabe preparar muito bem o soro e realizar um trabalho extraordinário na comunidade". A enfermeira descrente ficou apenas na equipe de apoio, não mais na coordenação.

Um ano depois da implantação da Pastoral da Criança, as líderes informaram que "não pediam mais dinheiro para caixões de crianças, nem para comprar flores no Brejal".

A irmã Vicência tornou-se coordenadora da Pastoral da Criança do Estado de Alagoas e "implantou as ações básicas em todo o Estado que é um dos mais pobres do Brasil".

OS ENCANTOS E PERIPÉCIAS NAS VIAGENS DE ZILDA

O Brasil é um país continental. Cada Estado tem o tamanho de um país em outros Continentes.

Zilda conta suas alegrias e as façanhas das viagens nos Estados do Norte e Nordeste do Brasil. As pessoas vinham de longe, de barco ou de caminhão.

- Manaus:

Em Manaus Zilda treinou a primeira turma de coordenadoras da Pastoral da Criança durante uma semana. Um número grande de setenta pessoas participou. "Organizei palestras e trabalhos de grupos sobre as ações básicas de saúde".

Os problemas eram o calor insuportável e os mosquitos, mas, tudo deu certo.

- Bragança do Pará:

De Manaus Zilda viajou de avião para Belém do Pará. De Belém a Bragança do Pará, viajou em um fusca velho, viagem que, na palavra da Irmã, demoraria três horas pela estrada Transamazônica, cheia de buracos, mas fechada dos dois lados pelo oxigênio das matas que tirou, de Zilda, todo o cansaço e lhe deu novas forças e novo ânimo.

Lá a casa de encontros foi construída em meio à floresta, perto de um rio, onde as famílias tomavam banho e lavavam os pratos.

Zilda descansou no quarto do padre que estava viajando. As pererecas do quarto pulavam em cima de seus ombros. No forro, diz ela, "mais de quinhentas pererecas, todas amontoadas. Parecia um bordado natural, lindíssimo!".

Depois desse incidente, Zilda foi falar às líderes: "falei sobre a metodologia da Pastoral da Criança. Elas deveriam sentir-se missionárias de transformação social". A maioria das quarenta pessoas era de sangue indígena, pele morena e olhar profundo.

Durante a palestra, "comecei a notar um entra-e-sai constante na sala". Perguntada à Irmã sobre o motivo, ela informou que todas estavam com diarreia por terem comido coco estragado na canja de galinha.

Foi o momento de a Dra. Zilda ensinar que o soro caseiro também cura a diarreia dos adultos. Com "dois baldes de água, muitos copos, sal e açúcar, reidratei o pessoal por mais de duas horas", quando todas se sentiram melhor.

Uma semana depois, a Irmã telefonou à Zilda: "Olha, o soro caseiro está fazendo o maior sucesso em toda a região. A notícia do milagre do soro caseiro está indo longe". Foi uma grande satisfação para a médica sanitarista missionária, Zilda.

- Guajará-mirim / Corumbiara - Rondônia Testemunho de uma líder

Dom Geraldo Verdier, bispo francês, incentivava a Pastoral da

Criança que, em 1999, festejava dez anos. Vieram para a comemoração líderes comunitárias e coordenadoras de todas as Dioceses de Rondônia. Chegaram de barco, de caminhão ou de ônibus. Era época de muita seca. No último dia da celebração, choveu, e o pessoal dizia: "É a bênção da Pastoral da Criança".

Durante a missa, Zilda ficou perto de uma senhora morena que chorava de emoção. Zilda pediu que contasse como entrara na Pastoral da Criança e ela contou emocionada: "Eu sou sobrevivente do massacre de Corumbiara. Tenho quatro filhos, três estavam desnutridos. Então, chegou a Pastoral da Criança ao nosso acampamento, recuperou meus filhos desnutridos, ensinou-me a ler e a escrever, ensinou-me coisas maravilhosas. Eu que só clamava a Deus que me ajudasse, senti que meu clamor foi atendido com a vinda da Pastoral da Criança. Fiquei tão animada que quis ser líder para ensinar, às mães, tudo o que eu havia aprendido. Depois fui escolhida coordenadora paroquial. A Pastoral da Criança deu nova vida a mim, a toda família, à comunidade e à paróquia".

Foi o testemunho de uma líder do interior de Rondônia que, mais uma vez, confirmou o sucesso da metodologia de Fé e Vida, para o regozijo da médica missionária, Zilda.

- Caicó - Rio Grande do Norte

Para Zilda todos somos criaturas de Deus. Não há diferença de cor, de raça, nem de profissão.

Em 1988, Zilda visitou comunidades da Diocese de Caicó, no Rio Grande do Norte e reuniu-se com as líderes. Nas suas andanças por lá, estranhou as casinhas pobres de barro em Catocê, o bairro mais pobre, lugar cheio de cheiro de lixo, uma grande área de prostituição. Zilda não teve dúvidas, foi visitar as prostitutas. "Lá dentro, cerca de cinquenta crianças viviam em estado lastimável: nariz correndo, barriguinha grande, cheia de vermes, descalças, com feridas. Havia pouca água, porque é uma região de seca. Zilda reuniu-se com cinquenta das cento e setenta ali residentes, cumprimentou a todas e abraçou-as. Perguntou se sabiam rezar? E rezaram o Pai Nosso. Depois lhes deu uma Bíblia. Sugeriu-lhes um projeto de renda que aceitaram de bom gosto. "Terminei falando sobre o trabalho da Pastoral da Criança: como cuidar da criança, da gestante e da importância do aleitamento materno, da reidratação oral, da pesagem das crianças na própria comunidade". As sugestões despertaram grande interesse e "foi assim que começou, na região, o trabalho para que todas as crianças tivessem vida, e vida em abundância" disse Zilda.

Treze anos depois, ela voltou ao local, com o Bispo de Caicó, Dom Heitor Sales, e o governador do Estado. A comunidade estava irreconhecível. "Foram construídas casas populares. Tudo estava melhor. As crianças das prostitutas, lindas e felizes, tocando flauta.

"Foi para mim", disse Zilda, "a constatação, mais uma vez, de como a Pastoral da Criança pode remover montanhas e promover a transformação social".

- Alto Solimões – Amazonas

Zilda conta que, durante a Assembléia de Itaici, dom Alcimar Magalhães, Bispo de Alto Solimões de Tabatinga, na divisa do Brasil com o Peru e Colômbia, "convidou-me para visitar aquela região amazônica a fim de conhecer a realidade local, tão diferente de todas as demais partes do Brasil. Eu sempre tive vontade de conhecer essa região que me inspirara para ser missionária. Foi uma viagem de barco em companhia do filho, Rogério, que lá sugeriu a instalação de microempresas na região, para ajudar o desenvolvimento local, integrado e sustentável".

Nesta viagem, Zilda visitou os índios ticunas, onde já havia a Pastoral da Criança. Comeu um peixe assado, delicioso. O cacique lhe ofereceu uma rede para descansar e ela dormiu profundamente. Ao acordar, uma surpresa: de cada lado da rede, vinte crianças segurando a rede pelas beiradas. "Achei fantástico", diz Zilda, "fiquei emocionada ao ver crianças tão pequenas, de cinco a sete anos, tendo todo o cuidado de não fazer barulho". Uma das crianças era cega e Zilda "a encaminhou para São Paulo, na esperança de que pudesse recuperar a visão".

As líderes voluntárias da Pastoral da Criança falaram sobre a realidade da tribo. Na ocasião, Zilda visitou ainda cinco dos sete municípios que formam o Alto Solimões, navegando com o "Barco Voadeiro" a cerca de sessenta quilômetros por hora, durante três a quatro horas. "Aí realizou reunião com prefeitos, vereadores e outras autoridades. "Todos os detalhes dessa viagem foram marcantes", na opinião de Zilda.

As líderes explicavam como pesavam as crianças. Á beira do rio, havia faixas dizendo: "Bem vindo, Dra. Zilda, nós te amamos".

Na mesma ocasião, aconselhou "a construção da Casa da Gestante, por ser uma região distante da Maternidade, onde as mães gestantes poderiam ficar no último mês de gestação e, depois do parto, voltar para casa com a criança saudável". Dom Alcimar assumiu a construção da Casa da Gestante em Tabatinga. A Casa da Gestante contribui para a redução da mortalidade infantil e materna na região. "A prefeitura do município colabora com a alimentação, com duas pessoas e material de limpeza. A Pastoral da Criança colabora com a educação e a sociedade prevê os materiais necessários", explicou Zilda.

Com muito empenho, dedicação e amor à causa da Fé e Vida, Zilda conseguiu levar a Pastoral da Criança a todos os recantos do Brasil, apoiando e entusiasmando as líderes e coordenadoras em prol da educação das mães pobres e da redução da mortalidade infantil em todo o país.

Deus abençoou a obra na qual Zilda sempre confiou e nós agradecemos a Deus pela sua existência aqui nesta terra.

As Duas Irmãs

Zilda e Irmã Hilda homenageadas em Forquilhinha

Projeto Piloto da Pastoral da Criança no Rio Grande do Sul

Ir. M. Helena Arns

Em férias, com a Zilda, em janeiro de 1983, ela me convidou para olhar – sem passar adiante – o novo e promissor projeto – ainda sem nome, para salvar muitas vidas de crianças pobres. Esperanças promissoras para reiniciar o meu trabalho em Santo Antônio da Patrulha, Rio Grande do Sul, depois de uma ausência de nove anos. "Mas só depois, se o projeto em Florestópolis der certo" – diz a mana "Conto com você!" "E eu conto com você, Zilda."

O Projeto Piloto – o projeto de fundação da Pastoral da Criança, em Florestópolis, no norte do Paraná, iniciado em fins de setembro de 1983, deu muito certo. Assim, em 1984, chegou a vez do Rio Grande do Sul.

Pesquisa nas "Vilas" de Santo Antonio

Em 1984, tendo voltado, com novo ânimo e novas experiências, à frente do Colégio Santa Terezinha, como diretora geral e professora, queria ver a escola ainda mais aberta à comunidade patrulhense, especialmente para os mais necessitados.

Convidamos, então, a Dra. Zilda, médica pediatra, fundadora e coordenadora da Pastoral da Criança, para ajudar na organização do projeto-piloto em Santo Antonio da Patrulha. Em maio, já veio a mana para orientar a pesquisa de situação das vilas. Os alunos do científico e as alunas do magistério fizeram uma grande pesquisa em todas as vilas da cidade. Foi impressionante esta experiência. As alunas choravam ao ver algumas situações de crianças. O científico que estava em "guerra de silêncio" – quando os rapazes falavam nas aulas, as moças silenciavam e vice- versa, voltando da pesquisa, sentaram-se na escadaria da igreja e refletiram sobre a situação do que viram, comparando-a com a sua própria, de classe média, e com suas atitudes na aula. Era o dia da PAZ. Diziam as professoras: "É importante mergulhar em situações de marginalidade para sabermos apreciar o bem-estar em que nos encontramos e sermos mais solidários e prontos para partilhar com quem tem menos do que nós".

Após essa pesquisa, Zilda chegou com todos os seus filhos, para apresentar os resultados ao Arcebispo de Porto Alegre e seus dois Bispos Auxiliares, ao Sr. Prefeito, Secretário de Saúde e outras lideranças patrulhenses. Todos reconheceram a urgência de fazer algo pelas crianças das vilas de Santo Antonio e de outras cidades da Arquidiocese de Porto Alegre.

O segundo Seminário Pedagógico

Planejado um segundo Seminário Pedagógico, de 27 a 29 de setembro do mesmo ano, pedimos novamente a presença da Zilda para apresentar a Pastoral da Criança. Ela veio com muita disposição, e abordou a organização da comunidade, com lideres comunitárias, treinadas nas ações básicas de educação e saúde. Deu ênfase à gestante, ao aleitamento materno, à pesagem da criança, às vacinas, ao soro caseiro, além de hortas caseiras.

Quase trezentos educadores participaram do seminário, vindos dos diversos municípios do Rio Grande do Sul, sendo a maioria de Santo Antonio. No encerramento, optaram que a Pastoral deveria ser iniciada, imediatamente, nas seis vilas.

Início e Expansão da Pastoral da Criança no RS

Após o II Seminário Pedagógico, foram treinados 121 líderes comunitários – cinco turmas – quase todas mulheres. Com elas iniciou-se a Pastoral da Criança, em Santo Antonio, como projeto piloto do Rio Grande do Sul. Em seguida assumimos, também, a fundação da mesma nas periferias da cidade de Osório e uma periferia de Porto Alegre: Canoas.

No inicio, eu mesma, assumi a coordenação. Depois seguiram, como coordenadoras, Irmã Cecília Martinello, Irmã Vanda Stacowski e, por mais de 20 anos, Irmã Irma Christ. Como a Irmã Irma realizou um trabalho muito eficiente nas duas paróquias de Santo Antonio inclusive no interior - ela foi eleita Coordenadora da nova Diocese de Osório, em 1999.

Que a Pastoral da Criança, com numerosas novas ações básicas, vídeos e campanhas, foi, realmente, eficiente, mostra-nos a transformação da vila do "Beco" que hoje é o Bairro Madre Teresa, completamente mudado. Isso entre tantas outras melhorias na Diocese de Osório. Que Deus seja louvado pela obra que a Dra. Zilda e nós Irmãs Escolares de Nossa Senhora iniciamos em Santo Antônio da Patrulha e que, com a dedicação e solidariedade de numerosos voluntários, se expandiu e está florescente em todo o Estado do Rio Grande do Sul.

Na Assessoria Nacional da Pastoral da Criança, em Brasília

Convidada pela Zilda e Dom Geraldo Majella Agnelo, em 1986, o Conselho Provincial das IENS da Província de Porto Alegre me colocou à disposição para trabalhar como Assessora Nacional da Pastoral da Criança e, por oito anos, como Assessora Nacional da CNBB, representando a mesma Pastoral.

Morava inicialmente, no Centro Cultural Missionário, junto com 50 a 80 Missionários estrangeiros que aí aprendiam a língua portuguesa e procuravam aculturar-se para as missões no Brasil. Cada semestre vinha outro grupo. No fim de cada período, os missionários estrangeiros recebiam palestras sobre as diversas Pastorais da CNBB, entre essas, eu também os alegrava com uma tarde de reflexão – bem prática – sobre a Pastoral da Criança. Isso por 19 anos. Muitos deles, depois, se engajavam em nossas equipes de Pastoral nas diversas dioceses e paróquias. Era uma grande alegria quando a mana Zilda os encontrava engajados e felizes, salvando a vida de crianças pobres.

Eu tinha uma vida muito ativa: viajava, em geral, com a coordenadora nacional, a mana Zilda, para as comunidades dos diversos estados, participava de reuniões e assembleias diocesanas e nacionais. A minha tarefa principal, nessas reuniões, era refletir com os grupos sobre a mística da Pastoral da Criança: a caminhada pessoal e comunitária com Jesus, conhecendo o Mestre cada vez melhor pela Palavra de Deus e procurando pô-la em prática na sua vivência e nas ações da Pastoral da Criança.

Era lindo ver a criatividade dos grupos nas celebrações especiais, sendo a Eucaristia o ponto alto dos encontros. Já tempos antes dos encontros, a Dra. Zilda convidava os celebrantes, especialmente sacerdotes ou Bispos já ligados e/ou colaboradores eficientes da Pastoral. Quanto mais os coordenadores entendiam sua Missão de Fé e Vida, tanto mais se esforçavam para gerar solidariedade, fraternidade, paz e justiça; promover Vida Plena para as crianças, famílias e comunidades pobres. O que a Dra. Zilda e toda a Coordenação Nacional queriam era que, voltando os coordenadores para suas respectivas áreas ou paróquias proporcionassem vida nova em abundância.

A Assessoria Nacional de Brasília era também o grande apoio da coordenação nacional, especialmente nos seus primeiros quinze anos, iniciados em 1987: na impressão e envio de livros, cartazes, preparação, impressão e envio do Jornal da Pastoral da Criança, balanças e tantos outros materiais. Zilda sabia que lá encontrava sua segunda casa, e dava o seu apoio sempre com alegria e gratidão.

Um problema preocupava a todos na Pastoral da Criança, no início dos anos 90. Já havia muitos livros impressos, muito importantes, e numerosas líderes não sabiam ler. Que alegria quando, numas férias chuvosas na praia, eu dizia à mana Zilda: "Estou escrevendo um livro para a alfabetização de jovens e adultos na Pastoral da Criança. As palavras geradoras são das ações trabalhadas na Pastoral". Zilda ficou muito feliz, e mais feliz ainda quando em 1991 começamos com setenta turmas. Os monitores eram voluntários.

Nas reflexões antes e durante o estudo de cada unidade, por ser uma educação evangelizadora, as monitoras usavam o método da Igreja Católica: ver – julgar e agir – sempre com trechos bíblicos de acordo com o assunto, indicado no livro do monitor: "Aprendendo e Ensinando".

Encontros Regionais de Multiplicadores.

Nos meses de fevereiro e março, durante dez anos, ministrávamos cursos para multiplicadores, em dez a doze capitais do Brasil – dois de cada diocese que desenvolvia o programa de alfabetização da Pastoral da Criança. Depois, estes ministravam o que tinham aprendido, aos monitores de suas Dioceses, acompanhando-os mensalmente, com planejamento, reciclagem e avaliação. Os resultados de cada semestre eram avaliados à distância, por nós, em Brasília.

No início de 1997, esses multiplicadores escreveram, durante o curso, "A História mais linda, de minha Vida". Selecionamos 185 histórias que foram impressos no livro "Histórias do Dia-A-Dia". Zilda fez com muita alegria a apresentação do mesmo. Entre outras dizia: "São testemunhos que encantam, comovem, ensinam e nos chamam a seguir o exemplo daqueles que descobriram o sentido de sua vida...".

"Que o Deus da esperança encha a vocês de completa alegria e paz na fé, para que transbordem de esperança, pela força do Espírito Santo" (Rm 15.13). O que o grande apóstolo, São Paulo escreveu aos romanos, eu o desejo a cada um dos 1.542 monitores que colaboraram, em dez anos, com dedicação, amor, desafios, no programa de Alfabetização de Jovens e Adultos da Pastoral da Criança, de 1991 a 2000.

Conclusão.

Muito escrevi do muito que aprendi da mana Zilda, de seus colaboradores e dos numerosos voluntários da Pastoral da Criança! No entanto, é pouco do muito! Zilda via cada criança, gestante e mãe pobre com os olhos do coração, como seu Mestre Jesus. Queria salvar e prevenir para que "todos fossem felizes". Com ela, nestes últimos anos, mais de 160 mil voluntários, dedicados, bondosos e ativos seguiram seu testemunho.

Zilda foi chamada por Deus para dar sua vida no país mais pobre da América Latina, Haiti, junto com irmãos e irmãs pobres. Era Discípula Missionária do Reino, até o fim de sua vida. Que seu LEGADO nos faça seguir seu exemplo para que todo o povo de Deus e nosso planeta tenham vida em abundância.

Caminhando juntas na Pastoral da Criança no Projeto Piloto em Santa Catarina

Ir. Hilda Arns

Quando olho agora para o calendário e vejo escrito "25 anos – Pastoral da Criança – a Serviço da Vida e da Esperança – Diocese de Criciúma – SC, lembro com alegria e gratidão estes anos passados e tão abençoados. O apoio mútuo da Zilda com as equipes, era a nossa alegria corresponder para que todas as crianças tivessem vida e vida em abundância. Descobrimos juntas que a criança era o nosso tesouro e precisávamos tomar este caminho, se quiséssemos alcançar a Missão de Jesus Cristo para a qual fomos enviadas, na Pastoral da Criança.

O Bispo Dom Osório Bebber, da Diocese de Tubarão, veio pedir-me para assumir a coordenação diocesana da Pastoral da Criança na diocese, já que eu havia recebido uma boa formação para esta nova missão na Igreja, a Pastoral da Criança. Foi aqui em Forquilhinha, a sua terra natal que Zilda começou conosco o projeto piloto em SC. Em abril de 1985 começamos o curso de capacitação de lideranças para as vilas da paróquia Sagrado Coração de Jesus. Em agosto do mesmo ano fizemos um treinamento para coordenadoras de 20 outras paróquias da diocese. Ficamos muito esperançosas e no fim do curso, Frei Bruno Fuchs, nosso coordenador diocesano, celebrou a Missa na TV conosco. A Zilda saiu muito satisfeita daqui, vendo que a obra era de Deus e a semente caiu em terra boa. A expansão aqui na diocese de Tubarão foi levada a cinquenta Paróquias, em quarenta e sete municípios. Força, coragem e alegria eram os componentes da gasolina do fusca com seus operários da messe. As crianças de uma Creche da Alemanha, com nossa Irmã Diemut nos deram este fusca, porque a pé não se vai longe.

Agradecemos a elas, os nove anos que este carrinho nos mostrou todos os recantos da Diocese para procurar as crianças pobres nas periferias.

A prática da metodologia

A metodologia nas capacitações foi de linguagem muito simples, mas eficiente no resultado. As mães mais simples aprendiam com alegria. No primeiro dia do curso, quando saí da porta do colégio, encontrei uma mãe muito pobre com uma criança de 8 meses, pele e osso, branca e olheiras fundas. Eu me assustei, falei com a mãe e qual o seu desejo. Disse ela: eu não sei... eu vim andando na estrada com esta criança, está com diarreia e vômito e não tem o que sarar. E embalava e beijava a criança. Só o amor da mãezinha que segurou o fio da vida do filhinho. Era a semana do curso da Pastoral da Criança e o dia do soro caseiro. Levei a mãe para o lugar onde estava a Zilda, com a sala cheia de líderes novas. Todas ficaram espantadas. Foi ensinado o primeiro soro caseiro e dado a esta criança. Ela tomou gole por gole e outro copo. A mãe assistiu o curso naquela tarde, aprendeu muito e a criança estava vivinha ao sair, no fim da tarde.
Na mesma tarde trouxeram para o curso uma nutriz que estava com os seios muito empedrados. A Zilda mostrou na prática como se faz a massagem para aliviar a dor e para que a criança pudesse mamar e ajudar a tirar este problema da mãe. Foi ótimo.

A Educação Transformadora

A Educação é transformadora, se efetuada com muito amor. Gosto muito da frase que nossa fundadora, Madre Maria Teresa de Jesus, das Irmãs Escolares de Nossa Senhora, dizia: "Devemos ver Jesus nas crianças". Vivendo isto, o método de educar uma criança, acha o caminho do amor, que atinge o coração, e a colaboração se torna mútua e eficiente. Isto a Zilda deixou transparecer em todas as suas cartas, em nossos jornais da Pastoral da Criança e também em todas as ações da Pastoral. Vejo hoje uma grande transformação quando olho os 25 anos pra trás. O relacionamento dos pais com as crianças é tão bonito! Mudou e todos têm muito respeito pela Pastoral da Criança.

Conclusão

Na Pastoral da Criança vivemos como os primeiros cristãos. Tínhamos também tudo em comum, dando, recebendo e escolhendo o que era melhor para o todo. Trabalhamos com diferentes culturas, credos e etnias, porém unidas em toda parte na missão, levando em conta o bem da vida, das crianças e suas famílias, nas comunidades.

Estávamos convencidas de que a educação concreta era a nossa resposta aos gritos da Criação, expressão de nossa solidariedade com todos, especialmente os marginalizados e esquecidos. Colaboramos com tantas pessoas maravilhosas em todos os níveis, partilhando o conhecimento e espiritualidade.

Juntas levamos nossa missão que continua dando frutos, porque... a semente caiu na terra e continua viva, porque foi pão abençoado, partido e partilhado, para a vida e transformação do mundo.

E Zilda certamente experimenta agora este novo céu e nova terra porque tanto ensinou o que Jesus disse: "Eu vim para que as ovelhas tenham vida e para que a tenham em abundância" (Jo 10,10).

Inauguração da Casa Mãe Helena - Centro Regional de Treinamento da Pastoral da Criança, em Forquilhinha com a presença da Dra- Zilda - 2004

A PASTORAL DA CRIANÇA EM OUTROS PAÍSES

A metodologia elaborada por Zilda ultrapassou os limites do Brasil. Hoje, vinte nações desenvolvem projetos baseados na metodologia brasileira. Para tanto, Zilda foi nomeada Coordenadora Internacional da Criança, em Montevidéu, Uruguai, em reunião realizada naquele país, com a presença dos Cardeais: Dom Odilo Pedro Scherer e Dom Geraldo Majella Agnelo.
Sua última ação de Fé e Vida não teve lugar no Brasil, mas no país mais pobre das Américas, o Haiti.

A PASTORAL DA CRIANÇA
ORGANISMO DE AÇÃO SOCIAL DA CNBB

O QUE É

A Pastoral da Criança, Organismo de Ação Social da Conferência Nacional dos Bispos do Brasil (CNBB), é uma organização comunitária, de atuação nacional, que tem seu trabalho baseado na solidariedade e na partilha do saber. O seu objetivo é promover o desenvolvimento integral das crianças pobres, da concepção aos seis anos de idade, em seu contexto familiar e comunitário, a partir de ações preventivas de saúde, nutrição, educação e cidadania, realizadas por mais de 240 mil voluntários capacitados.

A QUEM ACOMPANHA

A Pastoral da Criança está presente em todos os estados do Brasil e em 40.853 comunidades organizadas de 4.016 municípios. Em 2008, foram acompanhadas 94.987 gestantes e 1.689.243 crianças pobres menores de seis anos de idade.

VOLUNTARIADO

Do total de 246.215 voluntários, 134.396 são líderes comunitários, pessoas simples, em sua maioria mulheres (92%), que vivem nas próprias comunidades onde atuam. Além dos líderes, 111.819 pessoas formam as equipes de apoio, capacitação e coordenação.

DE QUE FORMA

A Pastoral da Criança desenvolve uma série de ações básicas em favor da gestante e do desenvolvimento integral da criança. O líder comunitário visita mensalmente as famílias acompanhadas, orientando-as sobre o valor nutritivo dos alimentos, ajudando a identificar a desnutrição, a fortalecer o aleitamento materno, controle de doenças respiratórias e diarreia, uso do soro caseiro, prevenção de acidentes domésticos, entre outras ações simples, baratas e facilmente replicáveis. Após a visita, as famílias levam suas crianças para participar do Dia da Celebração da Vida, dia do mês em que as crianças são pesadas na comunidade.

RESULTADOS ALCANÇADOS

A mortalidade infantil, entre as crianças acompanhadas pela Pastoral da Criança, é de 12,5 óbitos no primeiro ano de vida para cada mil nascidas vivas. Segundo o Ministério da Saúde, a mortalidade, infantil no país, em 2004, foi de 22,5 mortes no primeiro ano de vida para cada mil crianças nascidas vivas. Um aspecto significativo é que a Pastoral da Criança atua, exclusivamente, em comunidades muito pobres, nas quais a média de mortalidade infantil costuma ser até o dobro da taxa nacional. Em 2008, a desnutrição atingiu, em média, 2,4% das crianças acompanhadas pela Pastoral da Criança.

OUTROS PROJETOS

1. Educação de Jovens e Adultos – alfabetização de mães e moradores das comunidades acompanhadas.
2. Brinquedos e Brincadeiras – para aumentar o interesse pelo brincar e pelo lazer nas comunidades, favorecendo a criação de um ambiente favorável ao desenvolvimento e educação das crianças.
3. Controle Social das Políticas Públicas – junto aos conselhos municipais de saúde, conselhos dos direitos da criança e do adolescente, conselho de segurança alimentar, entre outros.
4. Capacitação para o trabalho – projetos para promover a auto-sustentabilidade das famílias acompanhadas.
5. Rede de Comunicadores Populares em Rádio – para divulgar ações da Pastoral da Criança em todo o país.
6. Hortas Caseiras – melhorar a alimentação e a saúde da família, diminuindo gastos.

EM OUTROS PAÍSES

A partir da experiência brasileira, a Pastoral da Criança colabora para a melhoria da situação das crianças pobres em outros 19 países. A entidade transfere metodologia e estimula o surgimento de trabalhos baseados em seu modelo nos seguintes países: Argentina, Bolívia, Colômbia, Paraguai, Uruguai, Venezuela, Guatemala, Honduras, México, Panamá, República Dominicana, Haiti, Angola, Guiné. Guiné-Bissau, Moçambique, Filipinas, Timor-Leste e Peru.

PRÊMIOS RECEBIDOS

Zilda Arns recebeu numerosos Prêmios Nacionais e Internacionais. Entre os Prêmios Nacionais destacamos:

- Diploma Mulher Cidadã Bertha Lutz, do Senado Federal, em 2005;
- Diploma e medalha O Pacificador da ONU Sérgio Vieira de Mello, concedido pelo Parlamento Mundial de Segurança e Paz, em 2005;
- Troféu de Destaque Nacional Social, principal prêmio do evento As mulheres mais influentes do Brasil, promovido pela Revista Forbes do Brasil com apoio da Gazeta Mercantil e do Jornal do Brasil, em 2004;
- Medalha de Mérito em Administração, do Conselho Federal de Administração, em Florianópolis, Santa Catarina, 2004;
- Medalha da Inconfidência, do Governo do Estado de Minas Gerais, em 2003;
- Título Acadêmico Honorário, da Academia Paranaense de Medicina, em Curitiba, Paraná, em 2003;
- Medalha da Abolição, concedida pela Universidade do Estado do Rio Grande do Norte, em 2002;
- Insígnia da Ordem do Mérito Médico, na classe Comendador, concedida pelo Ministério da Saúde, em 2002;
- Medalha Mérito Legislativo Câmara dos Deputados, em 2002;
- Comenda da Ordem do Mérito Judiciário do Trabalho, grau Comendador, concedida pelo Tribunal Superior do Trabalho, em 2002;
- Medalha Anita Garibaldi, concedida pelo Governo do Estado de

Santa Catarina, em 2001;
- Comenda da Ordem do Rio Branco, grau Comendador, concedida pela Presidência da República, 2001;
- Prêmio de Honra ao Mérito da Assembleia Legislativa de Santa Catarina, 2001;
- Medalha de Mérito Antonieta de Barros, concedida pela Assembleia Legislativa de Florianópolis;
- Prêmio de Direitos Humanos 2000 da Associação das Nações Unidas – Brasil, em 2000;
- Prêmio USP de Direitos Humanos 2000 - Categoria Individual;
- Em **2001, 2002, 2003 e 2005** a Pastoral da Criança foi indicada pelo Governo Brasileiro ao Prêmio Nobel da Paz. Em **2006**, a Dra. Zilda foi indicada ao **Prêmio Nobel da Paz**, junto com outras 999 mulheres de todo o mundo selecionadas pelo Projeto 1000 Mulheres, da associação suíça 1000 Mulheres para o Prêmio Nobel da Paz. Também é **cidadã honorária** de onze estados brasileiros **(CE, RJ, PB, AL, MT, RN, PR, PA, MS, ES, TO)** e de trinta e dois municípios:
- Recebeu ainda o premio **Doutora Honoris Causa** das seguintes universidades:
Pontifícia Universidade Católica do Paraná
Universidade Federal do Paraná
Universidade do Extremo-Sul Catarinense de Criciúma
Universidade Federal de Santa Catarina
Universidade do Sul de Santa Catarina

   Entre os Prêmios Internacionais destacamos:
- **Opus Prize (EUA), em 2006**;
- **Prêmio "Heroína da Saúde Pública das Américas"**, concedido pela Organização Pan-Americana de Saúde (OPAS), em 2002;
- **Prêmio Social 2005 da Câmara de Comércio Brasil-Espanha**;
- **Medalha "Simón Bolívar", da Câmara Internacional de Pesquisa e Integração Social, em 2000**;

- Prêmio Humanitário 1997 do Lions Club Internacional;
- Prêmio Internacional da OPAS em Administração Sanitária, 1994;
- Prêmio Rei Juan Carlos (Prêmio de Direitos Humanos Rei da Espanha) pela Universidade de Alcalá. Recebeu o prêmio em 24 de janeiro de 2005, das mãos do rei.

PASTORAL DA CRIANÇA - CNBB
SITUAÇÃO DE ABRANGÊNCIA
BRASIL - 4° TRIMESTRE /2009.

Total de Crianças < 6 anos pobres no Brasil (Censo 2000) 9.606.597.
Crianças < 6 anos acompanhadas pela Pastoral da Criança 1.583.738 – 16%
Dioceses com Pastoral da Criança 265 (100%)
Paróquias com Pastoral da Criança 6303 (58%)
Municípios com Pastoral da Criança 3.972 (71%)
Comunidades acompanhadas 39.570
Líderes comunitários atuantes 127.312
Outros voluntários na comunidade 106.516
Total de voluntários 233.828
Média mensal de Famílias acompanhadas 1.251.461
Média mensal de Gestantes acompanhadas 80.320
Emissoras de Rádio com Programa Semanal "Viva a Vida" 1.316

Depoimento da Ana Ruth Rezende Góes, Secretária do Conselho Diretor da Pastoral da Criança, 25 Anos de Convivência

Fazendo parte de um Grupo de Missionários Leigos M. FRA. de Salvador – Bahia e Chefe da Enfermagem do Hospital Infantil da UFBA fui apresentada, através de um pequeno folheto em preto e branco, trazido pelo Saudoso Bispo Dom Tomaz Murphy, de uma nova Pastoral que estava nascendo na CNBB e que foi apresentada pela médica Sanitarista Pediatra Dra. Zilda Arns Neumann, irmã do Cardeal Dom Paulo Evaristo Arns. Li com carinho e me empolguei pela proposta de uma nova Evangelização que une Fé e Vida.

Logo fui convidada pela Ir. Maristella, Coordenadora da Pastoral da Criança do Estado da Bahia, que chegava da primeira capacitação da Pastoral da Criança, no Brasil que foi realizada em Londrina – Paraná. Recebi então a solicitação para que eu ajudasse a monitorar a primeira capacitação para Coordenadores Diocesanos no Estado da Bahia em 1985. Depois participei de um encontro em Brasília – Distrito Federal e lá a Dra. Zilda, sabendo que eu era Missionária leiga e Enfermeira, me convidou para ajudá-la a implantar a Pastoral da Criança, principalmente nos Estados no Norte, Nordeste e Centro Oeste.

Foram 25 Anos de uma rica e profunda convivência. Acompanhei a Dra. Zilda em viagens por vários Estados do Brasil e ao Timor Leste na Ásia. A Dra. Zilda apresentava a Pastoral da Criança e depois eu ficava para capacitar as lideranças. Foi uma grande parceria que me fez crescer e admirar essa grande mulher, companheira e amiga. Recordo com carinho, dos seus ensinamentos e principalmente de um Conselho que procuro colocar em prática até hoje. "Ana Ruth, sempre depois do almoço procure descansar uns 20 minutos, pois é do bom vinho que se faz o amargo vinagre".

Foi esta ternura, carinho, leveza, alegria, firmeza e dedicação que a Mestra e Amiga passava para mim, principalmente sua Fé Viva e Encarnada, no Deus da Vida e sua Fidelidade à Igreja. Ela sempre me dizia que ao chegar numa Diocese, a primeira coisa que eu deveria fazer era pedir a Bênção do Bispo Pastor daquela Diocese. Outra grande e admirável atitude da Dra. Zilda, era reconhecimento e o carinho maternal pelo líder.

A Dra. Zilda, foi e continua a ser, na comunhão dos Santos, minha Mestra, Amiga e Companheira, exemplo de dedicação, amor e compromisso na luta pela continuação de um mundo mais Justo e Fraterno.

A PASTORAL DA PESSOA IDOSA

Com o crescimento da população idosa no Brasil, crescia, também, a preocupação da médica sanitarista Zilda Arns, com a pessoa idosa, em especial, as pessoas idosas das famílias carentes. Sentia, ela, que um novo desafio deveria ser lançado, como ela própria manifestou, dizendo:"Com muito carinho e entusiasmo, a Pastoral da Criança se lança a um novo desafio, o de zelar pelos seus agentes da pastoral, que já estão na terceira idade, e colocam toda sua sabedoria e experiência de vida a serviço das nossas crianças".

É a luta, agora, pelos dois extremos da vida humana: A criança e a pessoa idosa.

Investigar a vida das pessoas idosas carentes e proporcionar-lhes mais saúde, mais alegria e mais felicidade, é valorizar a pessoa humana, no estágio avançado de sua vida, nem sempre respeitada pela sociedade. É, geralmente, a época em que a pessoa humana necessita de mais cuidados, sobretudo, de cuidados médicos especiais.

O ano de 1993, é considerado marco histórico na criação da ideia da Pastoral da Pessoa Idosa. Coincidência, ou não, a ideia da Pastoral da Criança surgiu no encontro de duas pessoas em Genebra, Suissa. Agora, a idéia para o lançamento de um projeto para a Pastoral da Pessoa Idosa, surgiu em um encontro providencial entre a Dra. Zilda Arns e o Dr. João Batista Lima Filho, no aeroporto de Londrina. Enquanto esperavam passar o mau tempo, conversaram.

Zilda manifestou sua preocupação com as pessoas idosas, em visita às famílias carentes da Pastoral da Criança. O Dr. João Batista, médico geriatra e, na época, Presidente da SBGG – Sociedade Brasileira de Geriatria e Gerontologia, Secção do Paraná, afirmou à Zilda: "Há muito tempo que perguntamos na SBGG, como poderíamos dar algum tempo de atendimento ou acompanhamento às pessoas idosas do nosso país. Seria interessante termos redes de solidariedade com os idosos, como a Pastoral da Criança tem para com as crianças, O povo brasileiro está envelhecendo e temos de descobrir uma forma de chegar este conhecimento a toda a população. No dia seguinte, Zilda recebeu a visita de vinte e sete geriatras, na rua Pasteur, onde, na época, funcionava a Pastoral da Criança. Surgiu, então, a idéia de um trabalho conjunto com o apoio das duas entidades.

"Em 2004, no mês de abril, foi aprovada a proposta de criação da Pastoral da Pessoa Idosa, durante a Assembléia Geral dos Bispos do Brasil, em Itaici, São Paulo. Nessa ocasião, foram indicados: Dom Aloysio Leal Penna, para acompanhar o projeto, e a Dra. Zilda Arns para organizar e coordenar esta Pastoral com o apoio da Pastoral da Criança, pela sua experiência comunitária e com os idosos".

Como primeiro passo, foi feito um levantamento no país para conhecer os trabalhos já existentes com relação à pessoa idosa que "serviu de base para a Assembléia da Fundação da entidade. Nessa data foi escolhido, com a presença de quarenta e nove pessoas de todas as regiões do Brasil, o nome: "Pastoral da Pessoa Idosa".

"A data da fundação da Pastoral da Pessoa Idosa ficou sendo o dia cinco de novembro de dois mil e quatro", com a criação do Estatuto da Pessoa Idosa e seus Conselhos.

A metodologia a ser usada na aplicação do programa da Pastoral da Pessoa Idosa, seguiu as mesmas diretrizes escolhidas e adaptadas ao "Evangelho que conta como Jesus fez o milagre da multiplicação de dois peixes e cinco pães, que saciaram a fome de cinco mil pessoas". (cfMc 6,34-44)

De acordo com a metodologia supra, "a Pastoral da Pessoa Idosa, organiza as comunidades, identifica os líderes e coordenadores voluntários e, também, as pessoas idosas acima de sessenta anos, em suas comunidades. Depois, apresenta os dons que possui: solidariedade, fraternidade e conhecimentos que a Ciência nos oferece. Capacita os líderes com a mística da Fé e Vida, para partilharem esses dons com as pessoas idosas, suas famílias e comunidades" disse a Dra. Zilda.

Em 2005 foi capacitada uma equipe nacional de todas as regiões do Brasil, capacitando multiplicadores que formaram os capacitadores e os líderes comunitários. Foi um sucesso.

"Na verdade, no final de dois mil e cinco, a Pastoral da Pessoa

Idosa já contava com 419 multiplicadores, 244 capacitadores e 1.161 líderes comunitários capacitados, acompanhando 26.703 pessoas idosas por meio de visitas domiciliares mensais", de acordo com o "Guia do Líder".

Em sintonia com a CNBB, "a Pastoral da Pessoa Idosa desenvolve suas ações comunitárias de forma ecumênica e inter-religiosa a fim de que vida, dignidade e esperança cheguem a todas as pessoas, independentemente de sexo, etnia, cultura e credo religioso".

Na realidade, o que caracteriza o trabalho da Pastoral da Pessoa Idosa é a educação das pessoas idosas. A líder partilha seus conhecimentos com a pessoa idosa e suas famílias e encaminha os problemas para solução à reunião mensal com o objetivo de ajudar os idosos e suas famílias a terem uma vida digna e plena, com esperança.

Convém acrescentar a organização da Pastoral da Pessoa Idosa, conforme explicitado no "Guia do Líder".

A Pastoral da Pessoa Idosa, para realizar sua missão, organiza-se em vários níveis:

> Líder comunitário - responsável por multiplicar o saber e a solidariedade às pessoas idosas e suas famílias, por meio das visitas domiciliares mensais;
> Coordenação Comunitária - responsável por planejar, coordenar e animar as reuniões mensais das líderes;
> Coordenação Paroquial - responsável por diversas comunidades de uma mesma paróquia;
> Coordenação Diocesana - responsável pelas paróquias de sua diocese;
> Coordenação Estadual - responsável por todas as dioceses do seu Estado;
> Coordenação Nacional - dá apoio ao trabalho desenvolvido em todo o Brasil. É responsável pela elaboração dos materiais educativos e pela capacitação dos multiplicadores, com ajuda de uma equipe nacional ampliada".

O "Guia do Líder" termina com o "Coroamento da Vida", escrito pelo Papa João Paulo II, nos seguintes termos:

"As etapas da ancianidade representam o coroamento da vida. Trazem em si a colheita do que se aprendeu e viveu, a colheita de quanto se fez e foi alcançado até o momento, a colheita de quanto se sofreu e suportou. Mas, sobretudo, a colheita da sabedoria tão desejada já na Antiga Aliança: ,,Quão bela é a sabedoria nas pessoas de idade avançada e a inteligência e a prudência nas pessoas nobres! A experiência consumada é a coroa dos anciãos". (Eclo 25,4-6)...

"Os anciãos são o complemento necessário para o mundo de hoje". (Papa João Paulo II)

A Dra. Zilda Arns não chegou à plenitude da velhice. Deus a chamou ainda em pleno vigor de sua vida. Ela morreu pelas suas ovelhas: As crianças e pessoas idosas a quem tanto amou, quando já havia implantado a Pastoral da Pessoa Idosa em todos os Estados do Brasil, exceto no Amapá.

DRA. ZILDA ARNS NEUMANN E A PASTORAL DA PESSOA IDOSA

Irmã Teresinha

Uma das características marcantes da Dra. Zilda: ela gostava muito de se encontrar com os líderes Comunitários da Pastoral da Criança. Isto é incontestável. Dos frequentes eventos e encontros aos quais ela era convidada a participar nos Estados ou Dioceses de todo o país, ela sempre solicitava que organizassem um encontro com os líderes comunitários. Este encontro pessoal com as bases a fazia muito feliz.

No tocante à pessoa idosa, lembro das primeiras falas dela quando retornava dos encontros pelo Brasil afora. Certo dia a Dra. Zilda nos dizia que estava observando que cada vez que ela tinha oportunidade de conversar com os líderes comunitários, muitos a questionavam assim: "Dra. Zilda, nas visitas domiciliares que fazemos todos os meses, nós sabemos orientar tudo sobre criança e gestante. Mas em quase todas as casas que visitamos, encontramos também pessoas idosas morando nessas famílias e elas nos perguntam - e para nós, o que vocês podem orientar?".

Dra. Zilda tinha por hábito buscar solução para todas as necessidades, logo tratou de socializar essa preocupação e encontrar caminhos para dar uma resposta a estes líderes que a questionavam. E de forma providencial, exatamente quando a Pastoral da Criança completava seus 10 anos de existência (1993), esta grande mulher encontrou-se, numa das viagens, com um médico geriatra - Dr. João Batista Lima Filho, que por sua vez também vinha se questionando há algum tempo sobre como fazer chegar à população o conhecimento sobre envelhecimento. Os dois deram-se conta de que estavam com o queijo e faca na mão.

E assim, em 1994 se iniciava o Programa Terceira Idade da Pastoral da Criança. Foram exaustivamente estudados quais indicadores fariam parte desse acompanhamento às pessoas idosas. A metodologia aplicada seria a mesma adotada pela Pastoral da Criança e também seguida a motivação da multiplicação dos pães e peixes realizada por Jesus.

Em 2004, na Assembléia dos Bispos, foi decidido iniciar uma Pastoral específica voltada às pessoas idosas. Neste mesmo ano deu-se inicio à PASTORAL DA PESSOA IDOSA. Os Bispos indicaram Dra. Zilda para organizar e coordenar essa nova Pastoral, pela experiência que ela já acumulara com o Programa Terceira Idade na Pastoral da Criança.

O QUE É ESTA PASTORAL

A Pastoral da Pessoa Idosa é uma organização comunitária, de atuação nacional, que tem seu trabalho baseado na solidariedade e na partilha do saber. Tem por objetivo assegurar a dignidade e a valorização integral das pessoas idosas, através da promoção humana e espiritual, respeitando seus direitos, num processo educativo de formação continuada desta pessoa, de suas famílias e de suas comunidades, sem distinção de raça, cor, profissão, nacionalidade, sexo, credo religioso ou político, para que as famílias e as comunidades possam conviver respeitosamente com as pessoas idosas, protagonistas de sua auto-realização.

A QUEM ACOMPANHA

No 3° trimestre de 2009 segundo os dados do Sistema de Informação da Pastoral da Pessoa Idosa, foram acompanhadas: – NO BRASIL 171.665 pessoas idosas, em 4.932 comunidades, de 1.247 paróquias, 176 dioceses, 814 municípios de 26 Estados da Federação.

QUEM FAZ O ACOMPANHAMENTO

Os líderes da Pastoral da Pessoa Idosa realizam as visitas domiciliares e acompanham mensalmente oito indicadores de saúde das pessoas idosas. No ano de 2009 as ações foram realizadas por 19.361 líderes comunitários no Brasil.

VISITA DOMICILIAR

A visita domiciliar é um momento muito importante do trabalho do líder comunitário da Pastoral da Pessoa Idosa, que tem como objetivos:

>Conhecer as pessoas idosas que residem naquela casa, sua história de vida e daqueles que convivem com elas.
>
>Conhecer o que a família valoriza e faz para cuidar das pessoas idosas.
>
>Perceber os problemas que as pessoas idosas estão enfrentando.
>
>Procurar, junto com a família, formas de resolver esses problemas.
>
>Dialogar e partilhar informações.
>
>Ser ponte entre a família e a comunidade, conhecer e tornar conhecidos os programas de governo voltados às pessoas idosas, conhecer as políticas públicas que versam sobre os Direitos da Pessoa Idosa.

A REUNIÃO PARA AVALIAÇÃO E REFLEXÃO

Uma vez por mês, os líderes e o coordenador comunitário de cada comunidade reúnem-se para avaliar e refletir sobre a missão do mês anterior. Nessa reunião, as informações sobre as pessoas idosas que estão registradas no caderno do líder são transcritas na Folha de Acompanhamento do Idoso – FADI.

METODOLOGIA

A metodologia é inspirada no Evangelho que narra a multiplicação dos pães e peixes. A estratégia principal é organizar a rede solidária para multiplicar o saber e a solidariedade junto às pessoas idosas e suas famílias, rumo à dignidade e qualidade de vida e através de indicadores avaliar os resultados.

Para multiplicar o conhecimento e a solidariedade cada líder capacitado visita mensalmente, em média, dez pessoas idosas vizinhas, acompanhando-as através de oito indicadores que servem para estimular a prática de:

1. Atividades fisicas.
2. Ingestão de líquidos
3. Vacina anual contra a gripe
4. Vacina contra a pneumonia (a cada 5 anos)
5. Prevenção de quedas
6. Identificação de incontinência urinária
7. Encaminhamento aos serviços de saúde
8. Identificação de pessoas idosas dependentes

Esses dados são processados e analisados eletronicamente na Sede Nacional da Pastoral da Pessoa Idosa em Curitiba, e a avaliação retorna a cada três meses às bases, na forma de relatórios trimestrais.

Texto produzido por Irmã Terezinha Tortelli FC – Secretária da Pastoral da Pessoa Idosa – parceira de missão com a Dra. Zilda, na Pastoral da Criança e Pastoral da Pessoa Idosa, durante 17 anos.

PALESTRA DE ZILDA ARNS, PREPARADA PARA APRESENTAR NO HAITI:

12.01.2010

Agradeço o honroso convite que me foi feito. Quero manifestar minha grande alegria por estar aqui com todos vocês em Porto Príncipe, Haiti, para participar da assembleia de religiosos.

Como irmã de dois franciscanos e de três irmãs da Congregação das Irmãs Escolares de Nossa Senhora, estou muito feliz entre todos vocês. Dou graças a Deus por este momento.

Na realidade, todos nós estamos aqui, neste encontro, porque sentimos dentro de nós um forte chamado para difundir ao mundo a boa notícia de Jesus. A boa notícia, transformada em ações concretas, é luz e esperança na conquista da Paz nas famílias e nas nações. A construção da paz começa no coração das pessoas e tem seu fundamento no amor, que tem suas raízes na gestação e na primeira infância, e se transforma em fraternidade e responsabilidade social.

A paz é uma conquista coletiva. Tem lugar quando encorajamos as pessoas, quando promovemos os valores culturais e éticos, as atitudes e práticas da busca do bem comum, que aprendemos com nosso mestre Jesus: "Eu vim para que todos tenham vida e a tenham em abundância". (Jo 10,10).

O povo seguiu Jesus porque ele tinha palavras de esperança. Assim, nós somos chamados para anunciar as experiências positivas e os caminhos que levam as comunidades, famílias e pais a serem mais justos e fraternos.

Como discípulos e missionários, convidamos a evangelizar, sabemos que a força propulsora da transformação social está na prática do maior de todos os mandamentos da Lei de Deus: o amor, expressado na solidariedade fraterna, capaz de mover montanhas: "Amar a Deus sobre todas as coisas e ao próximo como a nós mesmos" significa trabalhar pela inclusão social, fruto da Justiça; significa não ter preconceitos, aplicar nossos melhores talentos em favor da vida plena, prioritariamente daqueles que mais necessitam. Somar esforços para alcançar os objetivos, servir com humildade e misericórdia, sem perder a própria identidade. Todo esse caminho necessita de comunicação constante para iluminar, animar, fortalecer e democratizar nossa missão de fé e vida. Cremos que esta transformação social exige um investimento máximo de esforços para o desenvolvimento integral das crianças. Este desenvolvimento começa quando a criança se encontra ainda no ventre sagrado da sua mãe. As crianças, quando estão bem cuidadas, são sementes de paz e esperança. Não existe ser humano mais perfeito, mais justo, mais solidário e sem preconceitos que as crianças.

Não é por nada que disse Jesus: "... se vocês não ficarem iguais a estas crianças, não entrarão no Reino dos Céus" (MT 18,3). E "deixem que as crianças venham a mim, pois delas é o Reino dos Céus" (Lc 18,16).

Hoje vou compartilhar com vocês uma verdadeira história de amor e inspiração divina, um sonho que se fez realidade. Como ocorreu com os discípulos de Emaús (Lc 24)3-35), "Jesus caminhava todo o tempo com eles. Ele foi reconhecido a partir do pão, símbolo da vida". Em outra passagem, quando o barco no Mar da Galiléia estava prestes a afundar sob violentas ondas, ali estava Jesus com eles, para acalmar a tormenta. (Mc 4, 35-41).

Com alegria vou contar o que "eu vi e o que tenho testemunhado" há mais de 26 anos desde a fundação da Pastoral da Criança, em setembro de 1983.

Aquilo que era uma semente, que começou na cidade de Florestópolis, Estado do Paraná, no Brasil, se converteu no Organismo de Ação Social da Conferência Nacional dos Bispos do Brasil, presente em 42 mil comunidades pobres e nas 7.000 paróquias de todas as Dioceses do Brasil.

Por força da solidariedade fraterna, uma rede de 260 mil voluntários, dos quais 141 mil são líderes que vivem em comunidades pobres, 92% são mulheres, e participam permanentemente da construção de um mundo melhor, mais justo e mais fraterno, em serviço da vida e da esperança. Cada voluntário dedica, em média, 24 horas ao mês a esta missão transformadora de educar as mães e famílias pobres, compartilhar o pão da fraternidade e gerar conhecimentos para a transformação social.

O objetivo da Pastoral da Criança é reduzir as causas da desnutrição e a mortalidade infantil, promover o desenvolvimento integral das crianças, desde sua concepção até os seis anos de idade. A primeira infância é uma etapa decisiva para a saúde, a educação, a consolidação dos valores culturais, o cultivo da fé e da cidadania com profundas repercussões por toda a vida.

A IGREJA, QUE SOMOS TODOS NÓS, QUE DEVÍAMOS FAZER?

A eduçação e comunicação individual se fazem através da "Visita Domiciliar Mensal nas Famílias" com grávidas e filhos. Os líderes acompanham as famílias vizinhas nas comunidades mais pobres, nas áreas urbanas e rurais, nas aldeias indígenas e nos quilombos, e nas áreas ribeirinhas do Amazonas. Atravessam rios e mares, sobem e descem montes de encostas íngremes, caminham léguas, para ouvir os clamores das mães e famílias, para educar e fortalecer a paz, a fé e os conhecimentos. Trocam ideias sobre saúde e educação das crianças e das grávidas, ensinam e aprendem.

Com muita confiança e ternura, fortalecem o tecido social das comunidades, o que leva à inclusão social.

Motivados pela Campanha Mundial patrocinada pela ONU (ORGANIZAÇÃO DAS NAÇÕES UNIDAS), em 1999, com o tema "Uma vida sem violência é um direito nosso", a Pastoral da Criança incorporou uma ação permanente de prevenção da violência com o lema "A Paz começa em casa". Utilizou como uma das estratégias de comunicação a distribuição de seis milhões de folhetos com "10 Mandamentos para alcançar a paz na família", debatíamos nas comunidades e nas escolas, do norte ao sul do país.

As visitas, entre tantas outras ações, servem para promover a amamentação materna, uma escola de diálogo e compartilhar, principalmente, quando se dá como alimento exclusivo até os seis meses e se continua dando como alimento preferencial além dos dois anos, complementarmente com outros alimentos saudáveis. A sucção adapta os músculos e ossos para uma boa dicção, uma melhor respiração e uma arcada dentária mais saudável. O carinho da mãe acariciando a cabeça do bebê melhora a conexão dos neurônios. A psicomotricidade da criança que mama no peito é mais avançada. Tanto é assim que se senta, anda e fala mais rápido, aprende melhor na escola. É fator essencial para o desenvolvimento afetivo e proteção da saúde dos bebês, para toda a vida. A solidariedade desponta, promovida pelas horas de contato direto com a mãe. Durante a visita domiciliar, a educação das mulheres e de seus familiares eleva a auto-estima, estimula os cuidados pessoais e os cuidados com as crianças. Com esta educação das famílias se promove a inclusão social.

CAMPANHAS

A Pastoral da Criança realiza e colabora em várias campanhas para melhorar a qualidade de vida das mulheres grávidas, famílias e crianças. Estes são alguns exemplos:

> Campanhas de sais de reidratação oral
> Campanha de Certidão de Nascimento: a falta de informação, a distância dos cartórios e a burocracia fazem com que as pessoas fiquem sem certidão de nascimento. A mobilização nacional para o registro civil de nascimento, que une o Estado brasileiro e a sociedade, [busca] garantir a cada cidadão de pleno direito do nome e os direitos.
> Campanha para promover o aleitamento materno: o leite materno é um alimento perfeito que Deus colocou à disposição nos primeiros anos de vida. Permanentemente, a Pastoral da Criança promove o aleitamento materno exclusivo até os seis meses e, em seguida, continuar, com outros alimentos. Isso protege contra doenças, desenvolve melhor e fortalece a criança.
> Campanha de prevenção da tuberculose, pneumonia e hanseníase: as três doenças continuam a afetar muitas crianças e adultos em nosso país. A Pastoral da Criança prepara materiais específicos de comunicação para educar o público sobre sintomas, tratamento e meios de prevenção destas doenças.

Campanha para a Prevenção da morte súbita de bebês "Dormir de barriga para cima é mais seguro": Com a finalidade de alertar sobre os riscos e evitar até 70% das mortes súbitas na infância, a Pastoral da Criança lançou esta grande campanha dirigida às famílias para que coloquem seus bebês para dormir de barriga para cima.

Em dezembro de 2009, completei 50 anos como médica e, antes de 1982, confesso que nunca tinha ouvido falar em qualquer programa da UNICEF ou da Organização Mundial de Saúde (OMS), ou de outra agência da Organização das Nações Unidas (ONU), que estimulasse a espiritualidade como um componente do desenvolvimento pessoal. Como um dos membros da delegação do Brasil na Assembleia das Nações Unidas em 2002, que reuniu 186 países em favor da infância, tive a satisfação de ouvir a definição final sobre o desenvolvimento da criança, que inclui o seu "desenvolvimento físico, social, mental, espiritual e cognitivo". Este foi um avanço, e vem ao encontro do processo de formação e comunicação que fazemos na Pastoral da Criança. Neste processo, vê-se a pessoa de maneira completa e integrada em sua relação pessoal com o próximo, com o ambiente e com Deus.

Estou convencida de que a solução da maioria dos problemas sociais está relacionada com a redução urgente das desigualdades sociais, com a eliminação da corrupção, a promoção da justiça social, o acesso à saúde e à educação de qualidade, ajuda mútua financeira e técnica entre as nações, para a preservação e restauração do meio ambiente. Como destaca o recente documento do Papa Bento XVI, "Caritas in Veritate" (Caridade na Verdade), "a natureza é um dom de Deus, e precisa ser usada com responsabilidade". O mundo está despertando para os sinais do aquecimento global, que se manifesta nos desastres naturais, mais intensos e frequentes. A grande crise econômica demonstrou a inter-relação entre os países.

Para não sucumbir, exige-se uma solidariedade entre as nações. É a solidariedade e a fraternidade aquilo que o mundo precisa mais para sobreviver e encontrar o caminho da paz.

Desde a fundação, a Pastoral da Criança investe na formação dos voluntários e no acompanhamento de crianças e mulheres grávidas, na família e na comunidade. Atualmente, existem 1.985.347 crianças, 108.342 mulheres grávidas de 1.553.717 famílias. Sua metodologia comunitária e seus resultados, assim como sua participação na promoção de políticas públicas com a presença em Conselhos levaram a mudanças profundas no país, melhorando os indicadores sociais e econômicos.

Os resultados do trabalho voluntário, com a mística do amor a Deus e ao Próximo, em linha com nossa mãe terra, que a todos deve alimentar, nossos irmãos, os frutos e as flores, nossos rios, lagos, mares, florestas e animais. Tudo isso nos mostra como a sociedade organizada pode ser protagonista de sua transformação. Neste espírito, ao fortalecer os laços que ligam a comunidade, podemos encontrar as soluções para os graves problemas sociais que afetam as famílias pobres.

Como os pássaros, que cuidam de seus filhos ao fazer um ninho no alto das árvores e nas montanhas, longe de predadores, ameaças e perigos, e mais perto de Deus, deveríamos cuidar de nossos filhos como um bem sagrado, promover o respeito a seus direitos e protegê-los.

Muito Obrigada!
Que Deus esteja conosco!

Dra. ZILDA ARNS NEUMANN
Médica pediatra e especialista em Saúde Pública
Fundadora e Coordenadora da Pastoral da Criança Internacional.
Coordenadora Nacional da Pastoral da Pessoa Idosa.

Haiti
O retorno de tia Zilda

Senador Flávio Arns

No dia 12 de janeiro, à noite, já na hora de dormir, começamos a acompanhar, pelos vários meios de comunicação, as notícias e entrevistas sobre o terremoto que, naquela tarde, havia atingido o Haiti e com intensidade absoluta a sua capital, Porto Príncipe. Uma grande tragédia. As informações sobre a destruição acontecida, o número de pessoas mortas e feridas, assim como os apelos para ajuda internacional já apontavam para o drama pelo qual o Haiti estava passando. Não sabíamos, neste momento, que a tia Zilda lá estivesse.

No dia 13 de janeiro, quarta-feira, apesar do recesso parlamentar, fui a Brasília, no primeiro voo, para participar de audiência no Ministério da Saúde, em conjunto com os Secretários da Saúde do Paraná e de Londrina, para construirmos soluções para a grave crise de saúde pelo qual o Município passava. No momento do desembarque do avião, recebi o telefonema de uma rádio me perguntando se confirmava o fato de a tia Zilda estar no Haiti, sem mencionar a sua morte, o que já me preocupou muito. Solicitei para que retornasse a ligação em alguns minutos para eu próprio buscar as informações.

Na área de saída dos passageiros, fui informado pelos amigos que me aguardavam, que o Secretário da Presidência da República, Gilberto Carvalho, havia telefonado com a lamentável notícia de que ela, de fato, havia falecido no terremoto. Quanta dor. As notícias de como isto havia acontecido ainda eram imprecisas.

Fui convidado pelo Gilberto Carvalho a, se assim desejasse, embarcar no avião da Força Aérea Brasileira – FAB rumo ao Haiti. O avião decolaria em uma hora. Também iriam o Ministro da Defesa, Nelson Jobim, o comandante do Exército, Enzo Martins Peri, o comandante da Marinha, Julio Soares de Moura Neto e Dom Dimas Lara Barbosa, representando a CNBB. A comitiva discutiria medidas de apoio ao país vitimado, ao corpo de paz do Brasil no Haiti, já que as duas principais autoridades da ONU haviam falecido Embaixador Hedi Annabi – chefe da missão da ONU no Haiti e o Embaixador Luis Carlos da Costa – vice presidente da Missão – brasileiro. Era necessário proceder ao resgate dos corpos dos brasileiros falecidos, incluindo-se aí a tia Zilda. O próprio embaixador do Brasil no Haiti, Igor Kipman, amigo de longos anos, que estava no nosso país para reuniões de trabalho junto ao Itamarati, retornou ao Haiti no mesmo voo, informando-me que as buscas pela localização e resgate do corpo da tia Zilda já estavam acontecendo. Embarcamos na sequência. Acompanhou-me o amigo de longos anos, o Coronel da reserva Carlos Mussoi Filho, cuja presença e ajuda foram fundamentais em todo o processo.

No trajeto do avião da FAB ao Haiti, houve escala em Boa Vista, Roraima, para reabastecimento. A preocupação era a de não ser possível o reabastecimento em Porto Príncipe, e a escala permitiria ao grupo retornar até a capital do Estado de Roraima. Em Boa Vista, recebi a notícia de que o corpo de tia Zilda havia sido encontrado e estava já na base militar do Brasil.

Na preparação para o pouso do nosso avião no Haiti, problemas ocorreram. O processo de aproximação foi muito vagaroso em função das dificuldades operacionais da torre de controle. A atenção da nossa própria aeronave ao tráfego aéreo teve, em certo momento, de ser redobrada, havendo a necessidade de manobra evasiva para não ocorrer colisão. No próprio aeroporto a confusão era grande, com muitos carros, pessoas e equipamentos se misturando às aeronaves.

Do aeroporto, em ônibus, dirigimo-nos à base militar brasileira. Era por volta de 20 horas e muitas pessoas, apesar de já escuro, circulavam pelas ruas. Praticamente nenhuma luz acesa no trajeto, não por causa do terremoto, mas pela ausência de energia elétrica na capital. Apenas poucos pontos iluminados por meio de geradores. Já se podia perceber os efeitos do terremoto pelas edificações destruídas. O trânsito também se apresentava caótico.

Chegando à base militar, fui recebido, dentre outras pessoas, por Roseana Kipman, esposa do embaixador Kipman, também amiga de longos anos, e por Irmã Rosângela Altoé, que acompanhava tia Zilda na viagem. As duas detalharam, naquele instante, os últimos momentos, bem como o resgate do corpo de tia Zilda.

A Irmã Rosângela lembrou que o encontro de tia Zilda com os religiosos havia sido muito bom. Ela havia explicado com entusiasmo, em detalhes, a metodologia da Pastoral da Criança. Havia já terminado a fala e, como sempre acontecia, conversava com algumas pessoas e com o Pe. William Smarth, amigo de tio D. Paulo. Estavam no 3º piso, já se dirigindo à saída. No momento do terremoto, o local onde o Padre se encontrava – cerca de dois metros de tia Zilda – não ruiu, ao passo que exatamente onde estava tia Zilda ruiu todo o 3º piso, sendo ela coberta pelo peso dos entulhos. A Ir. Rosângela, com várias escoriações, estava bem próxima e foi arremessada para o outro lado, tendo que superar obstáculos para sair, no meio de intensa poeira branca, ouvindo os gritos das pessoas pela rua, e de pais e crianças da escola ao lado, que havia ruído. Apesar de perguntar e procurar por tia Zilda, não havia, naquele momento, o que fazer.

Roseana Kipman, que havia se encontrado com tia Zilda e a auxiliava a chegar nos destinos, ao retornar ao local da tragédia no dia seguinte, não a localizou. Pediu então que chamassem o Pe. William Smarth, com quem tia Zilda conversava no momento do terremoto, que indicou com precisão o local da queda. Ato contínuo, com ajuda dos militares brasileiros, os escombros foram retirados e o corpo localizado. Ele foi envolto nas toalhas do altar da Igreja e levado à base militar brasileira, em local para sua preservação, no mesmo local em que estavam os corpos dos militares brasileiros que haviam falecido.

Fui, em seguida, com Roseana e Irmã Rosângela, ao local onde os corpos estavam. Roseana solicitou aos militares que abrissem o invólucro da tia Zilda. Ela própria retirou as toalhas do altar que ainda envolviam o corpo. Muito emocionada, mostrou que não havia fraturas ou ferimentos aparentes, com exceção de um forte traumatismo no lado direito da cabeça. Ela mostrou, naquele momento, que a corrente com um crucifixo que a tia Zilda habitualmente usava – que era bastante forte – havia se rompido na queda, permanecendo a corrente junto ao seu corpo e o crucifixo sem ser encontrado. Hoje, nas imagens da igreja destruída, somente a cruz permanece por inteiro conservada à sua frente.

Foi um momento bastante difícil.

Sempre destaco os depoimentos e as atitudes do mais completo respeito ao ser humano por parte de todos com quem conversei no Haiti. Roseana trouxe a tia Zilda no colo, dos escombros, até a base militar. Ao me mostrar a tia Zilda, abraçou-a, beijou-a, mostrou o corpo, e, como bióloga, assegurou-me que ela não havia sofrido, que estava serena. Mais do que isto: aos haitianos feridos, que estavam sendo atendidos na base militar, ela encorajava, a todos, deitando-se inclusive ao chão com eles, para confortar a todos. Ela tinha sempre a corrente de Davi no seu peito, que se uniu à corrente de tia Zilda, com o Cristo Crucificado, sempre a favor do ser humano.

À noite, houve reuniões – das quais também participei com os militares brasileiros, o Ministro Jobim, os comandantes da Marinha e do Exército, e com o Comandante das Forças Militares dos Estados Unidos. O retorno do corpo de tia Zilda ao Brasil, com o próprio avião da FAB, foi confirmado. Devo destacar a absoluta solidariedade de todos os presentes, com a situação do Haiti e da tia Zilda. O Ministro Jobim foi extraordinário. Naquele momento ainda não havia os meios possíveis para o retorno dos militares brasileiros mortos no terremoto.

Dormimos na própria base por volta de uma hora da manhã. Alguns terremotos tidos como secundários foram percebidos durante a noite.

No dia seguinte, a partir das seis horas, estávamos reiniciando os trabalhos. A marca da solidariedade está no quotidiano dos militares através dos projetos de construção do país e também em atitudes aparentemente comuns para muitos, porém importantes, como doar o iogurte a que teriam direito às crianças do Haiti, o que já ocorria antes do terremoto.

O Ministro Jobim solicitou que me dedicasse a providenciar tudo o que fosse necessário para que o corpo da tia Zilda voltasse naquele dia ao Brasil. As comunicações estavam interrompidas. Telefones não funcionavam dentro do país. Os rádios dos militares funcionavam normalmente. Assim, em primeiro lugar, era necessário falar com o Embaixador Igor Kipman para a regularização dos documentos de tia Zilda. Na impossibilidade de me comunicar com a residência do Embaixador, já que o prédio da Embaixada estava em princípio, condenado, decidimos ir até lá. O trajeto foi feito em veículo oficial, com a bandeira das Nações Unidas e com escolta militar. As saídas são sempre organizadas no detalhe, em termos de trajeto e acompanhamento na sua execução.

No caminho à Embaixada, num trajeto de cerca de uma hora, o cenário era desolador. Edificações completamente destruídas, muitos corpos nas calçadas, cobertos com jornais, muita gente caminhando, desorientada, pelas ruas, aglomerações nos espaços públicos e equipes internacionais bem identificadas, iniciando trabalhos de resgate. Tia Zilda – relataram-me – usou a expressão "pobreza cruel" ao se referir ao Haiti, tal a falta de estruturas a favor do povo, que ela pôde observar.

Ao mesmo tempo, apesar do cenário desolador, convivendo-se com a cultura haitiana, os militares apontaram para alguns fatos interessantes. Ninguém pedia esmola, não havia qualquer pessoa de pés descalços ou roupa maltrapilha, as roupas limpas ao extremo e até o cabelo das mulheres era bem penteado. E os militares diziam da bondade do povo, da sua alegria, da satisfação dos pais em terem os filhos nas escolas.

Chegando à residência do Embaixador, percebemos vários estragos, no acesso, com grandes pedras espalhadas nas calçadas. O Embaixador, que havia saído e estava em local próximo, retornou e pudemos conversar sobre o que era necessário documentalmente para o translado do corpo da tia Zilda. Ressalto, mais uma vez, que ele, Igor, e sua esposa, Roseana, orgulham o Brasil pela competência, sensibilidade e solidariedade.

Retornamos à base militar. Foi um trajeto ainda mais demorado do que na vinda, já que havia mais gente na rua, mais desorientação, e os escombros obrigavam a buscar vias alternativas, já que as originais por várias vezes estavam obstruídas.

Foi então organizada nova saída, agora, para o hospital situado na base militar argentina em Porto Príncipe, responsável no Haiti pela urna funerária e eventual preparação do corpo.

Fui recebido pelo Embaixador da Argentina e pelo Comandante

dos Militares Argentinos, ambos também extremamente solidários. Não havia qualquer possibilidade de se ter, como se imaginava, urna lacrada e trabalhos de preparação do corpo. A destruição era completa. Após conversa sobre o assunto, optou-se por acomodar o corpo de uma maneira especial em urna metálica parafusada, recomendando-se fazer o procedimento somente nos minutos anteriores ao embarque, objetivando a preservação do corpo de tia Zilda.

Retornamos à base militar, no meio do absoluto caos que se podia observar, já com muitas pessoas usando lenços para cobrir o nariz, pelos milhares de mortos a céu aberto. Já se podia observar enterros em cemitérios, valas coletivas e notícias de sepultamento nas montanhas que cercam Porto Príncipe. Presenciamos cenas muito tristes também de remoção de escombros em escolas que ruíram com todas as crianças e funcionários no seu interior. E os pais, familiares e amigos à frente do local em desespero, aguardando o resultado da operação. Era extremamente triste.

Na base militar, ainda recebi a visita de inúmeras pessoas de vários países, externando a solidariedade por tia Zilda. Percebia-se o quanto ela era amada também fora do Brasil.

Houve, naquele dia, mais uma reunião na base militar, com a presença do Presidente do Haiti, Ministros do Peru e da República Dominicana, das Forças Militares dos Estados Unidos e do Brasil. Foram discutidas novamente as prioridades de trabalho. O grupo apresentou o sentimento de consternação pela morte de tia Zilda.

Às 16 horas, aproximadamente, nos dirigimos ao aeroporto para o retorno ao Brasil. O veículo com o corpo da tia Zilda havia saído um pouco antes. Arrisco-me a dizer que só chegamos ao aeroporto porque havia uma escolta de militares brasileiros, identificados como das Nações Unidas para orientar o tráfego, o que permitia o avanço lento da nossa condução. O caos nas ruas era absoluto.

No aeroporto, todos nos reunimos ao redor da urna, coberta com a bandeira do Brasil. Dom Dimas Lara Barbosa, Secretário Geral da CNBB, fez bonita oração em nome do grupo, destacando o trabalho da tia Zilda, que recebeu o aplauso de todos. Enquanto a urna era colocada no avião da FAB, para a viagem de retorno ao Brasil, fiquei observando e pensando na tia Zilda, no quanto ela era querida durante toda a vida, no trabalho extraordinário a favor da criança, da mulher e do idoso, e que salvou tanta gente em nosso país e no mundo. Tristeza grande por um lado, com o pensamento também levado aos seus filhos e netos. A constatação, por outro lado, de que a circunstância da morte faria com que inclusive soluções, fossem encontradas para o Haiti.

A saída do Haiti ocorreu por volta das dezenove horas do dia 14 de janeiro, equivalendo às 22 horas no Brasil. Foi uma viagem de seis horas até a chegada em Brasília. Irmã Rosângela, extraordinária pessoa, também voltou conosco.

No próprio aeroporto, o Instituto Médico Legal de Brasília estava presente recebendo os documentos da Embaixada relativos à morte de tia Zilda. Foram também da mais completa solidariedade com o ocorrido. Disseram que abririam a urna, para verificar as condições de preservação do corpo e, se possível, fariam também a preparação do mesmo, o que não havia acontecido no Haiti.

Às oito horas da manhã estava previsto o retorno a Curitiba, em avião também da FAB. Pouco antes das oito, já no aeroporto, o corpo de tia Zilda chegou em nova urna, que foi aberta e pudemos ver o trabalho de recuperação do corpo, particularmente dos ferimentos na cabeça. Neste momento, o Secretário da Presidência da República e amigo, Gilberto Carvalho, também já estava presente.

O avião decolou em seguida. Gilberto Carvalho, Irmã Rosângela e eu pudemos conversar sobre os episódios todos. Gilberto Carvalho, Secretário da Presidência da República, foi quem deu a notícia oficial para a família do falecimento da tia Zilda. Enquanto estávamos no Haiti, Gilberto ficou no país mantendo contato permanente com a nossa família num momento tão doloroso. No avião, Gilberto fez a leitura e reflexão de trecho bíblico para o dia.

Em Curitiba, família e amigos aguardavam no aeroporto.
Isto era sexta-feira, dia 15 de janeiro, por volta das 10h30min. A urna foi colocada em um carro do Corpo de Bombeiros para seguir até o Palácio das Araucárias, sede do Governo Estadual, onde aconteceria o velório.
Pelo caminho as pessoas paravam, olhavam para o cortejo com

respeito, aplaudiam. Era um sentimento de tristeza pela partida e de orgulho pela obra que permanece.

Pela cobertura dos meios de comunicação, muitas pessoas diziam não saber que o trabalho era tão bonito, tão grande, com tão bons resultados.

Os que já trabalharam nas Pastorais mostravam a determinação de trabalhar ainda mais a favor da causa do ser humano.

Tia Zilda morreu em missão, no trabalho a favor do ser humano, para promover a "vida e vida em plenitude", no Brasil e no mundo.

O VELÓRIO E AS MISSAS DE CORPO PRESENTE

O corpo de Zilda foi velado no Palácio das Araucárias, do Governo do Estado do Paraná, com a presença de familiares e amigos, enquanto autoridades: Federais, Estaduais, Municipais e mais de sete mil pessoas davam seu último adeus à Dra. Zilda que, tantas vidas salvou durante sua vida.

A primeira missa de corpo presente foi celebrada pelo Cardeal da Bahia, Dom Geraldo Majella Agnelo.

No dia seguinte, foi celebrada a segunda missa de corpo presente, pelo Presidente de CNBB, Dom Geraldo Lírio Rocha e concelebrada por Dom Moacir Vitti, Arcebispo de Curitiba, na presença de dezesseis bispos do Brasil e de grande número de sacerdotes, e assistida pelos familiares e amigos presentes.

O caixão estava coberto pelas bandeiras do Brasil, da Pastoral da Criança e Pessoa Idosa, ambas fundadas por ela.

Dom Geraldo Lírio, presidente da CNBB, o celebrante, falou, em sua homilia, que a "Dra. Zilda foi uma servidora deixando esta preciosa herança para a Igreja e para o mundo. Sua perseverança tinha motivações muito profundas na fé, na vivência do Evangelho, no amor, é a mais bela ação concreta da evangélica opção pelos pobres". Dom Geraldo agradeceu, em nome da CNBB e da Igreja no Brasil, "pelo trabalho realizado em prol das crianças e dos idosos, dizendo: "Dra. Zilda, muito obrigado por tudo o que a senhora significa para nós, por tudo que realizou". Dom Geraldo finalizou pedindo a intercessão da Dra. Zilda junto a Deus: "Contamos agora com sua intercessão junto de Deus".

"Depois da missa, a cerimônia de encomendação do corpo foi presidida pelo Bispo de São Felix do Araguaia, Mato Grosso, Dom Leonardo Steiner, primo de Zilda, na presença da família". Zilda "foi a maternidade de Deus, um dom de Deus dado à Igreja e ao Brasil", concluiu.

Depois da cerimônia, o corpo foi levado em carro aberto do corpo de bombeiros para o cemitério da Água Verde, Curitiba, e baixou no túmulo de sua família.

A ÚLTIMA INDAGAÇÃO

A ÚLTIMA INDAGAÇÃO

A última indagação foi feita pelo Bispo Dom Angélico Sândalo Bernardino, quando pergunta:

"Quem recebeu Zilda Arns no céu"?

E ele explica: "Zilda Arns partiu, do Haiti, para a Casa do Pai! Profetiza da esperança esta notável mulher, cidadã do mundo, vibrante discípula missionária de Jesus, sempre anunciou a vitória da vida sobre a morte. Abraçou, com entusiasmo, a recomendação do apóstolo São Paulo: "Sejam alegres na esperança, firmes na tribulação, presentes na oração". (Rm.12.12)

ZILDA

OS DEPOIMENTOS

Os depoimentos são um testemunho de amor, de carinho e de respeito dos familiares e dos representantes do povo, pela Zilda, médica missionária.
Assim se expressam:

MINHA MÃE ZILDA

Lembro-me da mãe levantando sempre cedo, às 5 :30 h da manhã ou antes. Colocava um leite (magro) para ferver para tomar café puro na varanda de sua casa, na chácara em Campo Largo. Conforme a época do ano, neste horário amanhecia, quando ela adorava ouvir o canto dos passarinhos.

Mas, café da manhã mesmo, ela gostava de tomar mais completo possível, com frutas, requeijão, ovos, polenta frita ou farofa que era preparada com linguiça e ovos, às vezes panqueca e outras coisas mais. Ela pedia para eu preparar, às vezes às 6: 15h quando os netos Alessandra, Lucas e Caroline, junto com a tia Helo (Heloísa), tomavam café antes de ir para a escola em Curitiba. Todos alegres em volta da mesa, se deliciando com o que comiam, e ela sempre dizia que quem preparava o melhor café do mundo era eu, não só o café, mas o melhor queijo feito em casa, o melhor leite do Brasil, etc...

Sempre seus filhos eram os melhores...

Ela sempre nos encorajava a enfrentar os problemas que apareciam, dizendo sempre faça o que pode e Deus fará o resto; isto ela dizia com voz de autoridade, empunhando o braço.

Quando voltava de suas viagens, às vezes, depois da meia-noite, estava muito cansada, mas tomava um banho e ia para sua cama muito aconchegante com seu cobertor de pena que ganhou em uma de suas viagens da Pastoral. No dia seguinte, já levantava muito disposta e alegre, pronta para mais um dia de batalha em sua vida. Viajava muito, e quando ia arrumar sua mala para a viagem, estava sempre animada, alegre, esquecendo - se dos problemas do dia a dia e das dores que às vezes tinha.

Anos atrás tinha dor nas costas e outros probleminhas, mas com seu ânimo pelo trabalho que realizava, tudo desaparecia, fazendo - a se sentir com pelo menos 20 anos menos do que tinha; isto era o maior orgulho para ela quando, as pessoas davam para ela menos idade. Sempre magra, cuidava do peso, do que comia (pelo menos 10 frutas por dia), das quais 5 eram banana, adorava caminhar, o que fazia diariamente, e nas suas viagens, quando podia. Pedia sempre a opinião da gente sobre a roupa que iria usar no dia ou na viagem. Às vezes questionava-a se não devia usar roupas mais simples principalmente quando ia nos encontros com líderes e o povo, mas ela dizia que as mulheres tinham muita admiração por ela e gostavam de vê-la bem.

Lembrava-se somente das coisas boas que aconteceram em sua vida, e as negativas esquecia-as totalmente. Falava muito de sua infância, seus pais e seus irmãos. Contava como era tímida na Faculdade de Medicina, e das dificuldades nas matérias e provas. Quando saia de casa pedia para a Oma Helena orações, e a Oma tranquilizava-a dizendo que cada enxadada que ela iria dar, seria oferecida como oração para a mãe ir bem na prova.

Tinha um afeto especial para com o Danilo, que era seu neto, mas criava-o como se fosse filho e neto ao mesmo tempo, vendo seus deveres escolares, o banho, escovar os dentes, etc., e frequentemente rezava o terço antes de dormir, apesar de sua idade (9 anos). Sua maior preocupação em casa, era se o Danilo tinha se alimentado bem naquele dia.

Com Amor seu filho Rubens

Minha mãe Zilda Arns

Meu pai já dizia, "pode haver mãe igual, mas melhor não há", e só tenho que concordar com ele, ela foi uma mãe maravilhosa, que além de mãe dos 5 filhos foi mãe dos netos, de centenas de voluntários da Pastoral da Criança e milhares de crianças e mães do Brasil e de outros paises.

Nosso pai Aloysio sempre a incentivou a buscar conhecimento, ela foi a Medelín, grávida, para fazer cursos. Fez Sanitarismo em São Paulo durante um ano ficando longe dos filhos buscando embasamento para sua missão. O pai trabalhava como Diretor no Bom Jesus/FAE e cuidava dos filhos ainda pequenos. E quando perdi meu pai, a minha mãe viúva não descansou enquanto não viu todos os filhos formados e depois se preocupou com a educação de cada neto.

Sua vida foi de dedicação extrema à família e às causas sociais. Sempre elogiava seus filhos e netos, reconhecia cada passo, cada pequeno gesto, e isso fazia com que buscássemos a superação de nossos próprios limites. Nos finais de semana, a casa sempre cheia, fazia questão de ter os filhos, netos e irmãos sempre por perto. Não media esforços em programar encontros entre a família, em visitar os tios, em dar atenção aos netos, para nós ela era a OMA, que significava muito mais do que avó (em alemão), era o elo da família, o apoio a qualquer hora. Todos os domingos a família ia à missa nos frades franciscanos e mesmo a caminho rezávamos, a fé sempre fez parte de nós, o acreditar que era possível e que Deus nos acompanha sempre.

Para mim foi um exemplo, ela me incentivou a levar adiante o meu sonho de implantar um projeto social de geração de trabalho e renda. Junto com amigos e tendo ela como sócia fundadora, constituímos a OSCIP-GERAR da qual ela foi presidente de honra. Aprendi com ela a lutar pelas causas sociais, a ir nas "bases da sociedade', visitar comunidades, conversar com as pessoas, pois as soluções, muitas vezes, são simples, com muito pouco, vidas são transformadas, principalmente valorizando cada pessoa, por mais humilde que seja e fazendo com que participe gerando sua própria transformação social.

Valorizar aqueles por quem lutamos, foi outra lição que ela

deixou. Ela fazia isso com muita sabedoria, formava redes de apoio e ia na base, falava com as famílias atendidas, com os índios, com os presos, e mesmo que não fosse da área dela, ela dava um jeito de ligar para alguém, de buscar apoio para resolver o problema e ajudar essas pessoas. Conheceu cada pedaço desse Brasil e falava com propriedade, como ninguém.

Ela sempre era rodeada de fãs, todos queriam tirar foto com ela, uma referência, e hoje, quando participamos de cerimônias em sua homenagem, esse carinho acaba sendo transferido para nós, sua família. É como se cada um fosse um pedacinho dela. Ela sabia ser enérgica, defendendo seus pontos de vista e sabia ser carinhosa, cuidando sempre daquele que precisava mais, mesmo na família. Uma luz no nosso caminho, um exemplo a seguir, de determinação, de fé, de amor e de vida.

HELOÍSA ARNS NEUMANN STUTZ

BERNARDO STUTZ

"Ein Sonntag ohne Messe, ist kein Sonntag" (Um domingo sem missa, não é domingo)

Estas foram algumas das mensagens que levamos com alegria em nosso coração. Lembro de como a Oma rezava, e gostava de rezar juntamente com toda a família, mesmo em ocasiões simples como uma viagem com os netos, ou até mesmo para se deslocar de casa até a missa dos Freis, todos os domingos às 8:00 horas da manhã: "Oh, minha senhora... Oh, minha mãe, eu me ofereço toda a vós e consagro a minha boca, os meus ouvidos, os meus olhos e inteiramente o meu ser..."

E esta cultura, é o que acho que fica de mais bonito, ela conseguiu transmitir a todos os seus, lendo, para os pequeninos, a historinha de dormir, ou a Bíblia em quadrinhos com os netos em sua volta em sua cama, quando ela, mesmo cansada, retornando de suas inúmeras viagens, dava a cada netinho, um beijinho, um querido afago na cabeça, um sorriso contagiante que às crianças sempre fez bem e elas dormiam contentes com o carinho da vovó, na cama da vovó. ,E rezavam junto com a Oma: "Ich bin klein, mein Herz ist rein,.."

Outro momento especial da recordação da Oma é que em todas as refeições, era tocado o sininho e quando todos estavam servidos em torno da mesa, todos batiam palmas, fazíamos o sinal da cruz e rezávamos: "Ao Senhor agradecemos, Aleluia, o alimento que tivemos, Aleluia,Aleluia". "Komm Herr Jesus, sei unser Gast und segne alles was Du uns gegeben hast. Amen".

Essa alegria contagiante e suas palavras de motivação e coragem, com certeza despertaram valores que não podem ser medidos de uma maneira fácil e se refletem no brilho dos olhos de nossos filhos que sorriem e lembram toda vez que temos uma refeição e agradecemos os alimentos. Amém.

Seu genro: Bernardo Stutz

A Oma Zilda, da Beatriz e do Gustavo

Beatriz e Gustavo são os netos mais novos da Zilda, os de número 9 e 10. A Beatriz nasceu em 17/08/2005. Quando saímos do centro cirúrgico e chegamos no quarto estava lá uma orquídea cor-de-rosa nos esperando, presente da Oma para celebrar a chegada da netinha.

No Livro do Bebê, da Beatriz, ela deixou a seguinte mensagem: "Beatriz, você foi muito esperada por teus pais e por todos da sua grande família. Desejo que você desenvolva a sua saúde, sua fé em Deus e a fraternidade cristã, que faz de todos uma família que se ama e pela qual se é responsável. Que Deus te faça sempre feliz!".

Quando estava próxima a chegada do Gustavo, ela encomendou um conjuntinho de lã azul, de macaquinho, gorro, luvas e sapatinhos, para o qual fez questão de pessoalmente escolher uma lã bem macia. No dia em que ele nasceu, 12/05/2007, ela estava viajando, então só foi conhecê-lo na casa de minha avó, onde ficamos hospedados no seu primeiro mês de vida.

Chegou lá ansiosa, dizendo que não via a hora de conhecer o neto e quando o segurou no colo ficou visivelmente emocionada. No Livro do Bebê dele, ela escreveu: "Gustavo, você é meu neto querido, a Oma achou você lindo. Você é muito amado por Deus e por todos os seus tios, tias e primos, por todo o mundo. Você vai ajudar o mundo a ser mais feliz. Que Deus acompanhe sempre você!".

Nesses pouco mais de quatro anos, ela não teve a oportunidade de conviver muito com estes seus netos, pois moramos a maior parte deste tempo na Bahia. Apesar dela sempre nos apoiar em qualquer decisão, ela me disse neste último Natal o quanto estava feliz de termos vindo morar em Campo Largo, pois quando estávamos longe, ela ficava triste pensando que os netos não iam conhecer direito a Oma.

Como que para compensar o tempo distante, ela nos convidava a almoçar todos os finais de semana em que ela estava em casa. Quando chegávamos, nem bem parávamos o carro e lá vinha ela perguntando sempre alegre: "Cadê a Beatriz da Oma? Cadê o Gustavo da Oma?". Era o suficiente para os dois abrirem o maior sorriso e se sentirem as crianças mais amadas da face da Terra.

Nos últimos tempos, Oma virou para eles sinônimo de Farinha Láctea, pois toda vez que iam na casa dela, a qualquer hora que pedissem, ela preparava o lanche preferido deles: mingau de Farinha Láctea. A cara-de-pau deles chegou ao ponto do Gustavo um dia dar um beijo de oi nela e já dizer "quero mingau de Farinha Láctea, Oma!".

Com a Beatriz crescendo, foi aumentando o interesse dela pelos colares e crucifixos que a Oma tinha na cabeceira da cama. Ao perceber que ela tinha gostado de algum, Zilda imediatamente colocava nela e a Beatriz saía desfilando toda feliz. Encantada, um dia Beatriz me disse: "nossa, mãe, toda vez que eu vou lá na Oma ela me dá um colar novo". Quando contei isso à Zilda, ela respondeu: "é porque ela me lembra eu mesma quando criança. Eu também era toda vaidosa e adorava usar colares".

Lembrando minha sogra

Zilda, minha sogra, tinha muitas qualidades e características marcantes, mas duas coisas, em especial, ela sabia fazer melhor do que ninguém: acolher e valorizar.

Ao longo desses quase onze anos de convivência, em vários momentos eu disse a ela que ninguém sabia receber melhor do que ela. Abrindo aquele largo sorriso ela respondia, "é porque eu faço com prazer".

Zilda me acolheu na família já no nosso primeiro encontro, quando comecei a namorar o Rogério. Ela me convidou para almoçar na casa dela, na época o apartamento da Sete de Setembro, e quando fomos nos sentar à mesa, ela acendeu uma vela, fez uma oração e em meio aos agradecimentos a Deus pediu que Ele sempre me iluminasse e, que se fosse Sua vontade, que eu me tornasse parte da família, que eu seria muito bem vinda.

Inesquecível também foi a forma como ela me cumprimentou, no altar, no nosso casamento. Com um abraço ela me disse no ouvido: "Eu quero ser para você como uma mãe".

Esta acolhida ela estendeu a toda a minha família. Quando

minha mãe adoeceu e foi morar em Campo Largo, Zilda frequentemente a convidava para o café, nas tardes de sábado, na chácara. Recebia meus pais e minha avó sempre de braços abertos (literalmente) e com um sorriso no rosto, dizendo: "que alegria ter vocês aqui". Depois do café sentavam-se na varanda e minha mãe e sogra lembravam os tempos do Colégio Divina Providência e davam boas risadas. Uns dias antes de falecer, minha mãe me disse que ninguém a "paparicava" tanto quanto Zilda.

Ela tinha grande habilidade de nos fazer sentir amados, bem vindos e muito especiais. Não perdia a oportunidade de fazer elogios, reforçando em cada um aquilo que lhe chamava a atenção.

Realizamos todas as festinhas de aniversário da Beatriz e do Gustavo lá na chácara, no galpão que Zilda construiu para as festas de família. Ela sempre esteve presente, oferecendo ajuda até o último minuto e recebendo os convidados. E não houve festa onde ela não me tenha feito enormes elogios pela decoração, pela comida, e até pela festa alegre que tinha organizado.

Ela era assim, sabia apreciar nossos menores gestos, principalmente no que dizia respeito ao trato com crianças. Quando me via brincando com os dois, ainda bebês, ela falava "isso é tão bonito! É tão importante para o desenvolvimento da criança as brincadeiras com a mãe". Tecia seus elogios e terminava sempre dizendo "você é uma ótima mãe, Lycia". Eu, sempre sem graça, tentava lhe dizer que não era bem assim, que tinha muitos defeitos, que elas é que eram crianças maravilhosas. Mas ela mantinha aquele olhar carinhoso e dizia "agradeço sempre a Deus por meus netos terem uma mãe como você". E eu pensava com meus botões "como posso eu, agora, dizer que a mãe maravilhosa é ela, sem parecer que estou apenas querendo retornar o elogio? Com ela era assim, por ela sempre elogiar com tanta facilidade e a cada momento, parecia que nós nunca conseguíamos retribuir o gesto e elogiá-la o suficiente.

O Gustavo, desde bebê, sempre foi muito alegre e risonho, e a Oma se encantava com isso. Olhava ele dar risada com aquela expressão de orgulho no rosto e dizia "mas que alegria de criança! Como pode ser tão feliz?" Segundo ela, o Gustavo trazia luz e alegria onde chegasse. A que, se eu pudesse, hoje lhe responderia: "como dizia a minha vó, Zilda, o que é herdado não é roubado – isso ele certamente herdou da Oma dele".

A última temporada de praia

A recepção

A temporada de 2009/2010 foi muito marcante e será ainda mais inesquecível por ter sido a última com a presença da Zilda, Empolgada com a proximidade das férias e das festas de final de ano, já em início de dezembro ela quis definir como seria o Natal, sugerindo que passássemos o dia 25 em Betaras e ficássemos até o Ano Novo.

Para garantir que a casa estivesse pronta para receber toda a família, ela foi alguns dias antes com o Eduard e quando lá chegamos, na tarde do dia 25, ela nos recebeu toda feliz e fez questão de ir comigo até o quarto que havia preparado para nossa família, para se certificar que estava tudo do meu agrado. Ela era assim mesmo, nos tratava como se fôssemos os convidados mais ilustres e fazia questão de deixar as camas arrumadas, sempre com um conjunto de toalhas dobradas nos pés da cama.

Já no início de 2010 eu perguntei se ela poderia hospedar por alguns dias minha avó Lycia e minha irmã, a que ela imediatamente respondeu com o seu costumeiro "com certeza, será um prazer". Para receber minha avó ela rearranjou os quartos e no dia fez questão de me levar até o quarto preparado para que eu aprovasse todos os detalhes. Quando minha avó chegou, recebeu-a com a maior alegria e nos dias em que ficou conosco lá, ela cuidou. de minha avó como se fosse sua mãe, passando Hipogloss nas picadas de mosquito, oferecendo frutas, sucos, água e preocupada em todos os momentos com seu conforto, trazendo almofadas para que se acomodasse melhor nas cadeiras.

Em um momento presenciei as duas conversando e Zilda falando para minha avó: "Vó, quando eu chegar aos 90 anos quero ser que nem a senhora, sorridente e cheia de saúde". Em um dos almoços, minha vó irritada com as picadas de mosquito, perguntou: "Zilda, para que existem os mosquitos? Não deveriam existir", ao que Zilda respondeu: "Para encher a paciência da gente, vó", e deu uma gargalhada. Nos outros dias, quando minha vó repetia a pergunta, ela, sempre com muito bom humor, dava respostas diferentes, mas sempre divertidas e fazia-nos dar boas risadas.

O Natal

O Natal na casa da Zilda tinha uma tradição que sempre achei muito bonita. Os netos entravam, em ordem crescente de idade, segurando velas e cantando Noite Feliz. Depois todos rezavam e então recebiam os presentes. Neste último Natal, Gustavo entrou na frente e como não conseguia segurar direito a vela, a Oma ajudou. Quando entramos na sala havia presentes sem embrulho espalhados pelas mesas e sofás. Eram lembranças que ela havia trazido para todos, da viagem que fez ao Timor Leste e Austrália. Os rapazes ganharam bonés e as meninas carteiras e bolsas do artesanato local. Foi a maior festa quando ela nos convidou a escolher o que mais gostávamos, e ela sorria ao observar a confusão em que todos opinavam sobre suas escolhas e a dos outros.

Em um momento, enquanto organizávamos a ceia, ela veio até mim e disse: "Lycia, me dá um abraço". Abraçamo-nos e ela me disse: "Estou tão feliz, mas tão feliz que vocês estão aqui. Estou feliz que estão todos aqui. Que alegria!".

O Ano Novo

Para comemorar a chegada do Ano Novo

O Ano Novo tão alegre
As visitas das irmãs e do irmão
As características dos filhos
Tão bem de saúde
O sol das 5h30 - florestas em luz
As brincadeiras com Beatriz e Gustavo
Uma das melhores temporadas

Rogério, Lycia, Beatriz e Gustavo.

Escrito por Alessandra Neumann Stutz

Homenagem à Oma Zilda

Tantas lembranças! Difícil achar definições e adjetivos para descrever uma pessoa com uma personalidade tão marcante, inigualável e incomparável. Contou-nos que uma vez fez um teste de liderança em uma tribo e o resultado foi que era uma líder. Líder nata: sabia conduzir qualquer situação com clareza e pulso firme.

Deu-me meu primeiro livro, uma bíblia para crianças, era religiosa e assim nos fez também. O que mais ganhávamos eram livros e em todos colocava dedicatória. Com setenta e cinco anos não apenas dirigia como me buscava no ponto de ônibus sempre que estava em casa, e parava no meio da rua e nem ouvia as buzinas dos carros que estavam atrás enquanto eu entrava no carro. Era super elegante, tinha as roupas mais legais de todas as avós que conheço, além de ser a mais ativa. Mesmo quando chegava tarde de viagem, levantava cedo e fazia o café da manhã para os netinhos. Que omelete bom!

Acredito que se fosse outro não teria dado conta da missão da Pastoral da Criança tão bem. Tinha uma fibra, um vigor, "ânimo pessoal", ela falava, e que ânimo! Fazia o Governador adotar hábitos saudáveis, a Câmara ouvir o Ministro da Saúde, os candidatos a Prefeito assinarem termos de compromisso para cumprirem suas propostas, as presidiárias gestantes terem direito a comer um ovo e dois copos de leite por dia, receita que, segundo ela, era indispensável para manter a saúde dos bebês. Tinha uma hospitalidade, cedia seu quarto aos amigos padres, tinha um armário com as toalhas mais bonitas, ensinou a disposição certa dos talheres na mesa, e até no banheiro social colocava um vaso com flores tiradas do jardim.

A Oma era incrível...Levou-me para fazer meu título de eleitor e com o seu jeito deixou a coisa menos burocrática em cinco minutos. Quando chegava, com as malas e pacotes de viagem, chamava os netos para ajudar a desembrulhar na sala os presentes que ganhava. Uma festa. Fazia lanche para eu levar para a escola, mesmo no ensino médio, cortava o queijo tão grosso quanto o pão, mas era uma delícia.

Caminhava em volta da casa todos os dias e até ia com o tio Rubens tocar as vacas. Foi na inauguração do Hospital em Campo Largo, mesmo não estando muito bem, ajudei a arrumar o seu cabelo e ela disse: "É, Ale, tem que saber arrumar o cabelo e as unhas sozinha, fica mais bonito e economiza o salão". Cuidava para eu não andar com a coluna torta, e ainda me imitava corcunda fazendo uma cara engraçada. "Oma, eu não faço assim!" eu protestava. Cuidava também para eu não "beliscar" as espinhas e não comer bolo demais. Amava as roseiras na frente de casa e a hora do jornal nacional era sagrada. Às vezes me dava algumas roupas que havia comprado e dizia ser adolescente demais para ela.

    Há pessoas que param no tempo. A Oma não. Era muito mais ativa que muitas pessoas de 40/50 anos, sempre informada, moderna. Na praia o celular estragou e ela disse "depois de 2/3 dias não aguentei mais, fui com o Eduard comprar outro". Frases que marcam: "O último grãozinho é o que faz crescer mais" – o primeiro ditado; "A educação vai mudar o país", ela dizia e insistiu muito para que eu fizesse pedagogia. Perguntava antes de sair: "E aí, a Oma tá elegante?". – Sempre! respondia. Ela era a avó mais chique de todas, tinha as roupas mais legais, as quais eu pegava emprestado de vez enquando. Torcia por mim para passar no vestibular e me dava três toblerones para levar no dia da prova, "para não dar hipoglicemia". Me incentivou bastante nos estudos, "primeiro a obrigação" – dizia –"responsibility, Ale" – era a frase diária. Quando passei na UEL minha mãe tentou avisá-la, mas a comunicação no Haiti era impossível. Consegui entrar para a UFPR em design, o curso que eu queria, e dediquei o banho de lama a ela, assim como devo grande parte do que aprendi e do que sou. Era mais que uma avó e um exemplo, era uma segunda mãe, o "porto seguro".

NETO LUCAS

Durante a semana a Oma acordava às 5:30 da manhã e com um café bem quente e forte começava seu dia ouvindo os pássaros cantar. Sentava na cadeira de vento que ganhou de presente do seu padrinho, na primeira gravidez.

Aproximadamente às 6:00 horas ela colocava a mesa do café enquanto o Rubens, ao fogão, preparava a tradicional farofa com ovos e polenta frita. Então chegavam os netos e sentavam, para comer. Todos os dias durante o café ela fez questão de saber de como vão os estudos e logo aconselhava-nos a prestar muita atenção nas aulas e muita disciplina nos estudos.

Sempre relembrava esta história: Quando, na sua adolescência, morava em um sobrado, todos os dias depois da aula, ela fazia os deveres no seu quarto e, quando sentia sono ou cansaço, descia para o andar de baixo, preparava um chimarrão e voltava aos estudos

Depois que tomávamos o café, antes de irmos embora, ela fazia questão de dar um beijo e um abraço e desejava um bom dia de estudos e que Deus estivesse sempre conosco.

E, agora, eu tenho certeza de que ela está ao lado de Deus e estará olhando por nós.

Seu neto
Lucas Arns Neumann

Sua neta Caroline

Guardo comigo a imagem de uma Orna alegre, brincalhona, organizada e feliz. Feliz por fazer o que gosta, feliz por ter ao seu lado sua família, seus netos, aos quais se referia sempre com tanto amor e carinho.

Não me esqueço do quanto ela falava que éramos parecidas, citava características que tínhamos em comum, não só na aparência, mas também no jeito de ser. Sempre completava a frase me chamando de Zildinha.

Ela gostava muito de nos dar conselhos, lembrando-nos do certo e do errado, estimulava-nos a estudar, praticar esportes e a ter muita fé em Deus, falava para nós fazermos a nossa parte, que Deus cuidaria do resto!

Hoje sinto muita falta de suas brincadeiras, seus conselhos, dos cafés da manhã que tomávamos correndo, para não chegarmos atrasados na aula, dos almoços em família, onde ela fazia questão de reunir todos! Sinto falta dos momentos que passamos juntas...

Guardo comigo a imagem da OMA ETERNA!!!

Sua neta: CAROLINE ARNS NEUMANN

ZILDA ARNS E SEU NETO DANILO

Sempre antes de dormir nós tínhamos uma rotina: Rezar, bate – papo e cafuné.

Quando ela voltava das viagens, trazia uma, ou duas, caixas cheias, eu e meus primos gostamos de abrir elas.

A minha avó, ela assiste bastante o programa JN (Jornal Nacional).

Quando ela viajava ela ajudava várias crianças.

Seu neto Danilo.
9 anos

OMA

Como falar de uma avó que vivia só de amor? Lembro que para me acordar e acordar o Danilo, vinha cantando: "Hoje é domingo, pé de cachimbo, o cachimbo é de ouro, bate no touro, o touro é valente, bate na gente, a gente é fraco, cai no buraco, o buraco é fundo acabou-se o mundo,'.

Uma vez até jogou futebol comigo! Foi bem divertido.

A Oma, avó em alemão, acordava às 5:30 todos os dias, caminhava 20 minutos e vinha arrumar a mesa do café, para tomar na companhia dos netos.

Te amo, OMA!

EDUARD

IRMÃO: FREI JOÃO CRISÓSTOMO (EM VIDA)

Frei João Crisóstomo, irmão mais velho de Zilda, escreveu: "As lições de casa acompanharam-na na formação de sua família e, sobretudo, na sua vocação de médica missionária. A realidade desta missão, que abrange e penetra nos bolsões de miséria de todo o território nacional, é muito superior aos títulos que recebeu no Brasil e no estrangeiro'.

"Quando vejo hoje esta irmãzinha de 1938 (data da 1ª missa), socorrendo os pobres da roça, os indigentes da periferia, as crianças e as mães do Nordeste, dando cursos sobre medicina alternativa, formando núcleos assistenciais, fazendo convênios no estrangeiro, esmolando em nome da pobreza nas repartições públicas, penso: é a mesma menina com vontade de viver e trabalhar, porque o leite de cabra lhe deu um reforço especial de saúde e de vida".

IRMÃO: DOM PAULO EVARISTO, CARDEAL ARNS

Dom Paulo Evaristo recebeu a notícia da morte de sua irmã, que sempre o visitava na volta de suas viagens missionárias, e deu as seguintes mensagens:

"O nosso Deus acolhe no céu aqueles que na terra lutam pelas crianças".

"A vida de Zilda Arns Neumann e seu trabalho em favor das crianças e mães pobres me convencem de que a esperança nasce com a pessoa humana e se realiza plenamente no amor de Deus. Sinto que é esse o sentido da vida e ação da Dra. Zilda".

Zilda, Mulher de Igreja e da Igreja!

Dom Leonardo Ulrich Steiner Bispo da Prelazia de São Félix do Araguaia

Zilda (Dra Zilda Arns Neumann) faleceu servindo os pobres no país mais pobre de nossa América. Com a sua morte pudemos perceber como era mundialmente admirada e respeitada pelo serviço às crianças e aos idosos. A morte a fez um símbolo de integridade, dedicação, ética, amor aos pobres e crença num mundo melhor.

A fé recebida na família, na pequena Comunidade Católica em Forquilhinha, SC, cresceu, desabrochou, maturou, transformando-a em mulher devota e devotada. Devota e devotada porque uma mulher de causas evangélicas: o próximo nos pequenos e nos pobres, a defesa da vida humana e da natureza, o cuidado e animação das relações especialmente as familiares. Ela é o testemunho da transformação que O Evangelho pode realizar numa pessoa quando ouvinte e praticante da Palavra,

Zilda foi uma mulher de Igreja e da Igreja. Amava e vivia a Igreja. Ela sentia-se Igreja na participação da Eucaristia, na vida das comunidades, nas questões sociais, no profundo respeito e quase reverência para com os bispos. Mulher de oração unida às realidades que os olhos não vêem.

Para nós, que pudemos partilhar da proximidade, era uma pessoa simples, afável, acolhedora.

Em nossa Prelazia de São Félix o testemunho maior que podemos dar é a eliminação da mortalidade infantil na Aldeia Xavante, existente na região de Prelazia. No dia de seu falecimento, uma senhora veio me visitar para dar os pêsames pela morte da prima. Ela me disse: "eu sempre ligo o rádio na hora do programa da Pastoral da Criança só para ouvir a voz da doutora."

Uma médica de corpos e almas!

IRMÃ: OTÍLIA ARNS

Zilda não foi apenas minha irmã, era, acima de tudo, minha grande amiga. As nossas visitas eram mútuas. Quando ela viajava de avião, passava na minha casa com um buquê de rosas do jardim dela e uma dúzia de ovos caipiras do terreiro, dizia um versinho, tomava café comigo, e, depois, seguia viagem a caminho do aeroporto. Às vezes, vinha acompanhada do filho mais velho, Rubens, meu afilhado, que ainda repetiu o gesto de sua mãe depois.

O amor e carinho que Zilda sentia pelos irmãos, ela sentia também por todas as crianças da Pastoral da Criança.

Como eficiente médica sanitarista, Zilda salvou, com amor e carinho, três dos meus filhos adotivos, crianças prematuras, do Lar Santa Helena, evitando a morte deles. Hoje são fortes e robustos e pais de família, graças à competência da grande médica que sempre foi em vida e a quem agradecemos.

ZILDA ARNS, O SORRISO DE DEUS

Frei Paulo Back

Desde os anos de menino, aprendi a amar e apreciar o sorriso da prima Zilda. Laços de parentesco, de convívio muito grande de nossas famílias, a vivência profunda da fé vivida nas belíssimas liturgias, solenes, e de músicas inesquecíveis, sobretudo no Natal, quando, à meia noite havia a missa em português e depois ainda a missa em alemão. E mesmo sendo crianças, nada nos parecia dificil. A gente sentia o céu muito perto de nós , nas músicas harmoniosas acompanhadas pelo violino tocado pelo Frei Crisóstomo, irmão da Zilda.

Ela, em toda vida, irradiou pelo seu sorriso, pelo seu jeito amável de ser, pela simpatia contagiante, pela doação de vida tão plena: foi um sinal muito forte de amor de Deus para todas as pessoas que tiveram o privilégio de conhecê-la, de conviver com ela.

Nos dois últimos anos de sua vida eu tive o privilégio de poder estar bem próximo a ela, nas comemorações do Natal em família no Natal de 2008 e 2009. Ela conseguia reunir cerca de 100 familiares na sua chácara em Campo Largo. Com que amor e com que liderança espetacular ela comandava o grande encontro de família.

Nos dois anos eu tive a graça de presidir a celebração da Santa Missa que envolvia os três temas: Advento, Natal e Família. A cerimônia era, na verdade, uma grande Ceia Eucarística, todos sentados em dois ou três grandes círculos ao redor de uma grande mesa, onde podíamos celebrar aquilo que aprendêramos de nossos pais: celebrar o Advento do Senhor, alegre expectativa do Menino Deus – o Emanuel– Deus Conosco, do Natal tão próximo e a gratidão pela experiência tão maravilhosa de família que recebemos como herança preciosa de nossos queridos e saudosos pais.

Na missa de 2009 , exatamente um mês antes da morte da Zilda, a celebração eucarística uniu a todos numa comunhão tão profunda, desde os manos e cunhados mais idosos, os sobrinhos, já casados, filhos e netos... Até os mais pequeninos fazendo a comunhão espiritual com o celebrante, dizendo: "Fica comigo Jesus"... Foi uma experiência do céu, na grande comunhão de amor de uma família que sempre teve na Zilda uma pessoa que passava para todos uma presença tão forte do amor a Deus. Na celebração foram lembrados os seus 50 anos ininterruptos de médica, com uma doação plena de quem deu a vida para salvar tantas vidas.

Foi tudo muito bonito, mas foi também uma celebração de despedida. A Zilda sempre tão alegre, tão prestativa, tão cordial. Desta vez, preocupada, um pouco tensa. Confidenciou-me que estava preocupada com a agenda dos compromissos internacionais que tinha pela frente... A palestra no Haiti, conferência na Colômbia. Esta última, coincidindo com o aniversário de 90 anos da mana religiosa, Irmã Gabriela, cuja festa aconteceria em Forquilhinha bem na data do compromisso na Colômbia... Sugeriu com insistência pelo adiamento da festa da Irmã Gabriela, para que ela pudesse estar presente.

Ela não pôde mais participar da bela confraternização dos 90 anos da Irmã Gabriela, com a família em Forquilhinha. A bela festa do Natal na Chácara em Campo Largo, foi mesmo uma despedida... Mas uma despedida com um gostinho do Céu, como Jesus prometeu para todos os que O amam, na "Casa do Pai".

De todas as coisas bonitas que se falou da Zilda, após a tragédia, eu destaco as palavras do cronista esportivo Juca Kfouri:
"Pois não é que hoje morreu um anjo!
Um anjo pediatra.
De sorriso lindo. A primeira vez que vi tal sorriso
Um sorriso, me desculpem o trocadilho, angelical.
Em certos momentos fica difícil acreditar em Deus.
Como pode um Deus permitir tanta miséria? Levar desta terra a bela pastora.
Esse Deus que quer todos os sorrisos para si.
Pois, Deus!
Se é que você existe mesmo,
Guarda bem este anjo que hoje se foi,
Quando ajudava tantos anjos numa terra de miséria sem fim.
Guarda bem esse anjo, Deus!

Em certos momentos fica difícil acreditar em Deus.
Como pode um Deus permitir tanta miséria.
Pois a Terra ficou mais vazia no dia de hoje.
E o céu,
Se é que o céu existe mesmo,
O céu ficou mais azul. "

     Morreu o anjo do sorriso mais lindo, o sorriso do próprio Deus. Zilda Arns, nunca deixaremos apagar em nossa memória o seu sorriso, que fez felizes tantas e tantas pessoas. Você foi uma "santa em vida, na morte uma mártir." Junto do Bom Pai do Céu continue a abençoar a boa semente que plantou, para que continue dando frutos abundantes.

ESPERANÇA SEMPRE

Irmã M. Gabriela Arns.

Nasceu o tão esperado filhinho Marcelo. A alegria da mãe Zilda e do pai Aloysio foi muito grande. O menino era lindo: loiro e de olhos azuis. Tinha nascido cerca de meia noite, no dia 14 de outubro de 1960. No entanto, quando a mãe médica pediu para vê-lo ao meio dia, viu que o narizinho estava sangrando e ela mesma reconheceu que o menino não iria viver por muito tempo. Que choque para ambos! Sim, Deus o levou após três dias de vida para ser o anjinho da família.

Nas férias de janeiro, Aloysio e Zilda resolveram viajar para a Barra do Ouro, no interior do município de Osório, RS, onde eu, a mana mais velha de Zilda, Irmã M. Gabriela, Irmã Escolar de Nossa Senhora, estava trabalhando como diretora da escola e coordenadora das Irmãs. A alegria de todas nós, Irmã Anita, Irmã Zélia e eu, era muito grande, pois as visitas de parentes eram raras.

Após algum tempo de conversa, fomos à capela. Rezamos pelos dois e por todas as famílias. Pedimos que Deus desse outros filhos ao casal e que fossem a alegria para os pais. Era tempo de Natal. O Menino Jesus ainda estava no presépio. Quando a Zilda o contemplou, disse: "Que lindo Menino Jesus!" Vendo que ela o admirava, eu lhe disse prontamente, leve-o e ponha-o no bercinho do Marcelo, que o pai Aloysio preparou com tanto carinho. Parecia que o filhinho tinha renascido. Com muita alegria Zilda e Aloysio levaram o Deus Menino, que por muito tempo deu a alegria aos pais, ocupando o bercinho presépio. Depois tiveram a alegria de ter mais cinco filhos: Rubens, Nelson, Heloísa. Rogério e Silvia – todos sadios, crescendo com alegria e graça. A esperança dos pais se cumpriu. Deus abençoou a família que soube confiar.

A MANA ZILDA
DISCÍPULA MISSIONÁRIA DO REINO

Irmã M Helena Arns

Feliz, abençoada por Deus

Nasceu a pequena Zilda, menina linda, de olhos azuis e bem loirinha. Era o dia do Soldado, 25.08.1934. Mais tarde ela dizia: "Nasci no dia do soldado, e por isso, Deus me ajuda lutar com garra e vencer os desafios que aparecem no caminho. Desde pequena ela tinha aprendido a rezar, e sabia que Jesus, o amigo das crianças, e o anjo da guarda sempre estavam a seu lado.

Não havia médico, nem posto de saúde em Forquilhinha – SC, sua terra natal. No coração da pequena Zilda, ajudando a mãe Helena a visitar pobres e doentes, já surgiram as primeiras sementes que mais tarde se tornariam plantas, com muitas flores e frutos: "Como é bom saber ajudar os outros para terem saúde, alegria. Como é bom ajudar os pobres. Todos devem ter alegria como eu: cantar, como eu faço".

A pequena Zilda – Tipsi – como gostavam de chamá-la, tinha muita facilidade na escola e era amiga das professoras, especialmente da Irmã M. Norberta, da Escola Sagrada Família das Irmãs Escolares de N. Senhora (IENS). A menina prometia. Nos jogos era das primeiras; tinha muitas amigas e gostava de passear com elas. Vivia no meio da linda natureza de sua terra natal: flores, frutas, bosque, céu azul e o belo Rio Mãe Luzia, onde podia nadar com os manos e as manas, no fim do dia de calor. Tinha uma família carinhosa e acolhedora, que se unia de manhã e à noite para rezar. Participava da Eucaristia, quase diariamente. Zilda cresceu feliz.

A prova: Qual a vontade de Deus

Grande amizade me ligava à Zilda. Quando ela era jovem estudante de medicina e eu já religiosa, eu sabia que ela queria também ser religiosa e trabalhar nas favelas do Rio de Janeiro, com os pobres. No entanto, um dia viajamos juntas, de ônibus, ao Rio Grande do Sul. De repente ela me assoprou: "Tenho um segredo, só para você: O

Aloysio Neumann me pediu para casar com ele. Eu respondi para ele: É outra minha missão, mas se eu casar, então é com você. Sabe, Irmã Helena, falei com Frei Mateus Hoepers, meu diretor espiritual, e ele me disse que durante um ano não falasse com ele, e se depois de muito rezar e pensar, achasse esta a minha vocação, então era a vontade de Deus".

    E foi isso que Deus quis. Após a sua formatura como médica, eu recebi o convite para o casamento da Zilda. No convite ela dizia: "Eu gostaria que me preparasse neste dia como noiva, porque em Forquilhinha, as Irmãs preparavam as noivas, e nós como anjinhos, em procissão, as levávamos até a igreja". – Que lembrança tinha ficado no coraçãozinho da pequena Tipsi. – Com alegria, preparei a noiva. Quando estava pronta, lhe disse: "Linda, vá mostrar-se para papai". E ela me respondeu: "Não, hoje é para o Aloysio". Realmente, agora era para ele.

    Durante o casamento me emocionei - parecia que a Zilda não era mais nossa - mas, ao contrário, agora o Aloysio, também, era nosso, mesmo vivendo felizes a dois, e se Deus quisesse, com uma família feliz. Meu dever como religiosa das IENS, agora era acompanhá-los com minha oração e meu carinho.

Férias abençoadas

    Quantas vezes eu tive a alegria de passar as férias na Chácara da Zilda e Aloysio em Campo Largo, junto com a família, nos meses de janeiro. Fazia muito bem para minha saúde, visto que o trabalho, como professora e diretora da Escola Santa Inês, de Porto Alegre, tinha muitas dificuldades iniciais: foi fundada em setembro de 1946, deveria ser fechada em fins de 1947, porque as Irmãs da Alemanha não tinham brasileira para assumir a direção de seu curso Primário. Aceitei o convite para ser diretora e professora do Primário. Fundamos o Ginásio em 1954 e Curso Colegial – científico, na época – em 1961. Havia muitos desafios. Tudo isso, deixava minha saúde um tanto abalada. Zilda tinha um olho clínico e muita sabedoria médica e criatividade para refazer as forças físicas, psíquicas e espirituais. O Aloysio era sempre muito amigo, e os filhos, no início, pequenos ainda, me alegravam brincando ou andando a cavalo, no trator com o pai, ou achando frutas e flores para a tia, ou fazendo algum passeio pelo pequeno bosque perto de casa. As feijoadas com toda a família ampliada, eram especiais.

Mais tarde, na casa da praia, junto com Dom Paulo e minhas duas Irmãs religiosas, Irmã M. Gabriela e Irmã Hilda, também com alguns membros da família, passamos dias muito felizes. Zilda dizia: "Aqui vocês têm um mar de saúde, feito por Deus. Aproveitem'" E lá íamos nós, fazendo nossas caminhadas nas águas do mar. Às onze horas, na capelinha bem ornamentada, participávamos da linda Missa ,presidida pelo mano Dom Paulo, que sempre tinha uma palavra especial, comentando a Palavra de Deus, e sabendo muito bem aplicá-la à vida. Os cantos vibravam e animavam a todos. Eram específicos na família.

Boas canastras à noite, com os filhos, jovens e adultos, faziam-nos competir e refrigerar a memória. Todos tinham histórias e memórias para contar na roda de amigos e amigas que Deus tinha unido naquele tempo de convivência. Pratos saborosos, feitos com carinho, especialmente os bolos de banana ou de maçã, preparados por Zilda mesma, alegravam e recuperavam as forças físicas.

Na última década, até o ano passado, passávamos nossas férias na Chácara Santa Helena, da mana Otília. Zilda já marcava suas férias na mesma temporada. Duas ou três vezes por semana, ela vinha, com frutas, ovos e lindas rosas de seu jardim, para fazer companhia a nós. Era a hora de contar também as novidades do último ano. No meio de seus relatos, em geral, tinha alguma charada para rir. Ela dava uma boa gargalhada. Por exemplo; "Quando fui por algumas semanas à ADVENIAT, para fazer palestras no norte da Alemanha, de vez em quando me faltava alguma palavra alemã. O secretário da ADVENIAT, que me acompanhava, tomava nota das mesmas, e me dava a lista. Eu a colocava no bolso e tentava decorá-la. No fim, só precisava bater no bolso e as palavras já vinham!" E ela dava uma boa gargalhada, e nós juntos com ela! Diz a mana Otília: "As gargalhadas da Zilda hoje nos faltam!"

A Vida, o maior Dom de Deus

Um dia, na praia, estávamos sentadas numa roda de conversa: nós três religiosas e a mana Zilda. Nisso chega a Sílvia, a caçula adolescente, e senta-se no colo da mãe e a abraça. Zilda lhe diz: "Sílvia, você sabe que sua vida foi um grande presente de Deus? "Como, mãe", pergunta a menina. E a Zilda conta: "Quando eu estive fazendo o curso em Medellin, na Colômbia, eu estava grávida de você. Certo dia tive uma ameaça de aborto. Quando fui consultar o médico da cidade, ele quis que abortasse porque a menina poderia nascer deficiente. Eu disse-lhe: "Não, é contra os meus princípios". Fui à farmácia comprei hormônios, evitei escada, fiz repouso nos intervalos do curso para evitar o aborto. Quando cheguei em casa, em Curitiba, eu ia todos os dias à Missa pedindo a Jesus por sua saúde. Que alegria, quando você, Silvia, nasceu, e o médico me disse: "Uma linda menina, perfeita". Sílvia ficou emocionada, beijou a mãe e disse: Muito obrigada, mamãe!

Alguns anos depois, Zilda estava em nosso apartamento, em Brasília, e pediram uma entrevista por telefone. Ouvi quando ela dizia, "Sim, a mãe é dona de seu corpo, mas não do corpo do filho que leva na sua barriga. Não pode matar! A criança tem o direito de viver. A vida é seu maior direito!" Pensei comigo: A Zilda realmente é coerente com o que defende. Ela não só defende o que outras mães experienciam, mas defende o que já viveu! É e foi heroína!

Zilda defendia os direitos da Criança onde quer que fosse, e para quem quer que fosse. Ela seguia os princípios de seu Mestre Jesus: "E aquele que recebe, em meu nome, a um menino como este, é a mim que recebe. "Mt 18,5 "Eu vim para que todos tenham vida, e todos tenham vida plenamente." Jo 10.10 As últimas palavras de Zilda, na sua palestra em Haiti, – um mês depois de seu jubileu de ouro – selaram seus princípios:" ... devemos cuidar de nossos filhos como um bem sagrado, promover o respeito a seus direitos e protegê-los. "

Eu sou a Ressurreição e a Vida

Era o meu jubileu de Prata de Vida Religiosa. Estava em Roma, no Conselho Geral, e a Superiora Geral, Mary Margaret Johanning, me deu o presente de festejar esta data na minha terra natal em Forquilhinha SC, no dia 21 de janeiro de 1978. Aproveitei a ocasião para fazer uma visitação em comunidades da Província de S. Paulo. Durante toda a noite do dia 16 de fevereiro, viajei de ônibus, de Francisco Beltrão/PR, para Curitiba – para passar alguns dias com a família de minha mana Zilda e meu cunhado Aloysio, em Campo Largo. Que alegria, quando desembarquei perto de Campo Largo e fui recebida, com muito carinho, pelo Aloysio. Almoçamos juntos e passei um dia lindo na Chácara da família Neumann. À noite o Aloysio presidiu a formatura na Faculdade de Administração e Economia (FAE) da qual era diretor. Ainda a uma hora da madrugada telefonou para meu cunhado Aroldo que eu tinha chegado muito bem.

De manhã cedo, Aloysio foi à praia com o filho Nelson e a menina Sandra que estava sob a tutela do casal. Zilda e eu, com os filhos pequenos: Sílvia, (4) e Rogério (7), depois do almoço, fomos à Chácara Santa Helena, para festejar o aniversário da Mary, um dos seis filhos adotivos da mana Otília. Perto da chegada, o mano Prof. Osvaldo fez a Zilda parar o carro e me chamou para dar a triste notícia que o Aloysio tinha se afogado no mar. Meu Deus! Não devia dizer isso à Zilda, mas prepará-la para receber a triste notícia de meu irmão Frei J. Crisóstomo. Só Deus sabe que momentos, horas e quatro dias que passamos juntas, na dor de toda a família. Senti que os desígnios de Deus são imperscrutáveis, e ao mesmo tempo de bondade e carinho. Deixou-me vir de Roma para poder partilhar a dor e confortar, por alguns dias, minha querida mana Zilda e seus cinco filhos entre 04 e 14 anos...

De volta a Roma, cartas iam e vinham... Após alguns meses recebi a notícia da Zilda: "As visitas ao cemitério só aumentavam minha dor. Então resolvi participar da Santa Missa e Jesus Eucarístico se tornou o meu consolo".

Zilda tinha entendido o Mistério Pascal: Vida, Morte e Ressurreição de Jesus, vida morte e ressurreição de seu querido marido Aloysio. Ele continuava intercedendo pela família. A fé de Zilda, que tinha sido anuviada pela dor, continuou a ser luz. Jesus, o Pão da Vida, tinha se tornado sua força, coragem e mística para levar avante a vida da família. Jesus Eucarístico tinha colocado a mão na sua mão; e ela continuava a pôr seus pés nas pegadas de Jesus Mestre.

Cinco anos depois, Zilda foi chamada e enviada por Deus, pela Igreja, através de Dom Paulo e UNICEF, para fundar uma rede de solidariedade, fraternidade e paz, a Pastoral da Criança. Com uma metodologia criativa, e um "exército de voluntários", iria promover "Vida em abundância", especialmente para milhares de crianças pobres, suas mães, famílias e para as gestantes. Mais tarde, ela foi fundadora e coordenadora da Pastoral da Criança Internacional e ainda fundou e coordenou a Pastoral da Pessoa Idosa.

Esse chamado ela ouviu, aceitou e realizou, tornando-se Discípula Missionária do Reino.

IRMÃ: ZÉLIA

Zilda era uma menina estudiosa, com muita força de vontade, competitiva, uma das primeiras em tudo que fazia, fosse na sala de aula, fosse no vôlei ou em qualquer outra atividade.

Procurava orientação com amigos Padres e Irmãs.

Participava das reuniões da JEC (Juventude Estudantil Católica). Animava e entusiasmava seus aluninhos do curso de admissão ao ginásio para os quais deu aula, quando estava no 1 ° ano do curso colegial.

Assistia com muita garra às aulas do cursinho preparatório para o vestibular de medicina e, em casa, depois, revisava, cada dia, com afinco, a matéria, fazendo um intervalo para tomar chimarrão, para ficar desperta. Tinha hora para ir dormir e hora para despertar, contando sempre uma média entre 7 e 8 horas de sono por noite.

Com a alegria de ter passado no vestibular, veio a preocupação de trabalhar, como voluntária, no que aparecesse no ramo da saúde. Visitava famílias carentes sem higiene, com crianças com vermes, piolhos, feridas,..., aplicando nelas as orientações recebidas em sala de aula e medicamentos adequados conseguidos de representantes. Periodicamente, fazia as mães deixarem as crianças arrumadinhas, para irem todas juntas, alegres, à Igreja próxima, cantando: "O meu coração é só de Jesus, a minha alegria é a Santa Cruz", dando-lhes, depois, orientações catequéticas. Muitas vezes, passava domingos, feriados, em orfanatos, como o do Portão, em asilos, como o de São Roque, em Piraquara (então, Leprosário).

O entusiasmo pela aplicação prática da medicina ocupava-lhe tanto tempo que, por vezes, não conseguia vencer a teoria, o que a preocupava muito, principalmente nos primeiros anos da Faculdade.

Formada, no exercício da medicina, dedicava boa parte do seu tempo, principalmente às crianças.

Em casa, era muito hospitaleira. Nisto lembrava muito a mamãe. Sabia receber as pessoas com a casa enfeitada com flores, boa comida e boa cama. Tinha assunto e ânimo para pessoas de todas as idades e posição social.

Esta era a menina que, mais tarde, ficou conhecida como a Dra. Zilda de Curitiba, do Paraná, do Brasil e de boa parte do mundo.

ZÉLIA ARNS DA CUNHA

ALICE BERTOLI ARNS

ZILDA

Loira menina
de Forquilhinha
tranças douradas
vai a menina
pelo caminho
sobe a ladeira
lá está a escola
do pai Gabriel
e da mãe Helena
a primeira lição,
amar a Deus
e ao próximo
perdoar
Zilda pensativa
às margens do rio Mãe Luzia
–fluem as águas
flui o pensamento–
vê
a mãe Helena
peregrina singular
curar o doente
com sua vocação
com sua medicina
Serei médica.

Muito cedo
a dedicação
e o meigo sorriso
da jovem médica
a todos encanta.
Zilda ouve, compreende, perdoa.

O pai Gabriel adoece
ela promete mil terços
e cumpre.
No lar de seus pais
surge uma tarde
o jovem Aloysio.
Ouve a jovem Zilda ao piano
dela se encanta.
A difícil decisão:
O amor de Aloysio e a vocação humanitária.
Zilda alia as duas vocações.
Aloysio lhe diz: você nasceu para ser médica.
Fique tranquila. Eu cuido de tudo.
Mas Aloysio partiu nas ondas do mar...
Novo desafio.
Os filhos reunidos a incentivam:
Pode ir, mãe. Cuide das crianças pobres.
Nós estaremos juntos.

Aperfeiçoamento em São Paulo e Colômbia.
A pequena Florestópolis. Os boias-frias.
Início da maior jornada na terra
PASTORAL DA CRIANÇA.
A médica peregrina sobe morros, percorre
vilas, cidades, favelas e rios.
Dorme em esteiras, redes e barcos.
Firme, decidida.
Com seu sorriso cativante e convincente
conquista seu exército de voluntários.
Convence prefeitos, governadores,
ministros, presidentes.

Em longas e fatigantes viagens
de ação humanitária
leva esperança, conforto, saúde

repartindo o pão e a Palavra
em toda parte.
Regressa ao recanto tranquilo de seu lar.
Com profundo sentido de união e paz
Zilda recebe a todos
com sua peculiar hospitalidade
– "Oi, Alice
que bom, vocês vieram!
Agora eu me sinto mais feliz ainda".
Nossos diálogos de outono
à sombra do caquizeiro...
Na hora da despedida,
Zilda me oferece rosas do seu jardim.

África, Ásia e Américas,
vinte países conquistados
com fé, perseverança e seu sorriso
Pastoral Internacional da Criança.
Em seu artigo "Zilda Arns, a mãe do Brasil",
frei Betto assim escreve:
"Zilda nos deixa, de herança, o exemplo de
que é possível mudar o perfil da sociedade
com ações comunitárias, voluntárias.
Se milhares de jovens e adultos brasileiros
sobrevivem, hoje, às condições de pobreza em
que nasceram, devem isso em especial à dra.
Zilda Arns, que merece, sem exagero,
o título perene de "Mãe da Pátria".

À beira-mar, em seu refúgio, Zilda recebe
parentes e amigos.
Ao longo da praia caminha Zilda.
Reconta fatos, recorda vivências de sua
missão humanitária em países de culturas e

credos tão diversos!
Missão em que sempre acreditou.
Dinâmica e confiante.
Sobre críticas e objeções ao seu trabalho,
dizia ela: "Não esquento a cabeça com essas coisas.
Deus mandou amar a todos,
perdoar e não ter preconceitos".

Últimas palavras de Zilda,
antes da viagem ao Haiti.

Não a vi mais
Apenas os escombros do terremoto
Contemplo o crucifixo
que lá permanece intacto
símbolo da fé
que fortaleceu a caminhada de Zilda
lutadora e generosa.
Não vi seu rosto, mas suas mãos em prece.

Agora,
Zilda, ainda vejo teu rosto claro
teu andar harmonioso e nobre
teu olhar acolhedor
tua mão estendida
apontando os ipês floridos
que as mãos de Aloysio plantaram.

Alice

CONVIVÊNCIA E MISSÃO COM MINHA MANA ZILDA

Ir. Hilda Arns

A nossa infância

Com oito anos recebi do papai Gabriel a alegre notícia que havia vindo mais uma irmãzinha. Deixei cair a batata doce que estava comendo no galpão do tio Augusto, que sorriu para mim, vendo a alegria da surpresa. Fui para casa com papai para ver esta coisa tão linda que mamãe me ofereceu para beijar, e que Deus nos enriqueceu na família.

A menina era forte e bem cuidada. Foi batizada com o nome de Zilda. Desde pequena ela sabia o que queria e eu a acompanhava firme para dar tudo certo.

Zilda gostava de rezar e cedo sabia dizer concentrada:

Ich bin klein, mein Herz ist rein
Soll niemand drin wohnen als Jesus allein.

Lieber Gott mach mich fromm
Dass ich zu Dir in den Himmel komm.
Heiliger Schutzengel mein
Lass mich dir empfohlen sein
Tag und Nacht ich bitte dich
Beschütze, regiere und leite mich
Hilf mein Leben recht und fromm
Dass ich zu Dir in den Himmel komm.
Amen!

Eu sou pequenina, meu coração é
limpinho
Ninguém pode nele morar, a não
ser Jesus sozinho

Querido Deus, faze-me piedosa

Para que no céu eu chegue
contigo, Amém
Meu Santo Anjo da Guarda
Deixa-me a ti recomendado
Dia e noite eu te peço
Protege, governa e me guia.
Ajuda a minha vida ser correta e
piedosa
Para contigo eu chegue ao céu.
Amém!

    Eu me alegrava quando via que a Zilda buscava a força na Eucaristia. Certamente o ventre materno da Mãe Helena ajudou muito a fortalecer este Caminho, a Verdade e a Vida. Quando eu fiz a minha 1ª Comunhão, a mamãe estava esperando a Zilda. Era 15 de agosto de 1934. A mãe me enfeitou bonitinha, me deu um beijo e me entregou ao papai que me pegou na mãozinha e me levou para a igreja. A Zilda devia estar vibrando no ventre materno que certamente neste dia aprendeu que se deve amar muito a Jesus para ser gente grande na vida. Mamãe lhe ensinava. Dez dias depois, dia 25 de agosto ela nasceu.

    Estes encontros com o Deus da Vida enriqueceu a nossa fé. Todos nós aprendemos isto quando pequenos, e certamente foi o sustentáculo nas horas alegres e também nas difíceis. É uma grande arte, colocar fé e vida na mesma balança! A Zilda, com todas as lideranças, bateu forte nesta tecla, decisiva para esta importante missão na Pastoral da Criança.

Zilda!

Falar, ou melhor, escrever sobre a "Tipsi" ou tia Zilda, para nós, é colocar em verso e prosa a essência do significado da palavra família: algo divino, singelo e sólido. É a herança da aliança das Famílias Arns e Steiner, representada por Gabriel e Helena, sob o lema "Família e Trabalho".

Foram muitos bons momentos vividos e convividos desde a infância. Lembramos de nossa mãe Lia "contando" que a Tipsi [tia Zilda] tinha olhos somente para os estudos mas um fato pitoresco lhe chamou a atenção; quando iam a Uberaba visitar os pais e irmãos do Bertoldo, a Ida [irmã da Zilda] lhe disse: "Lia, há um rapaz que vem aqui trabalhar e sempre esquece o molho de chaves. Isso já aconteceu umas duas ou três vezes, acho que é uma desculpa para se encontrar com Zilda". Esse rapaz era Aloysio Neumann, que mais tarde veio a ser seu marido.

A arte de bem receber era uma característica marcante de tia Zilda. Ela era acolhedora e nos fazia lembrar o nosso pai Bertoldo, já há algum tempo falecido. O seu sorriso carinhoso, a sua presteza em sempre ajudar o próximo, a preocupação com os seus filhos, filhos de seus filhos e filhos de Marias e Josés por este mundo afora, eram admiráveis!

Durante a elaboração do projeto arquitetônico de sua residência em Campo Largo, tia Zilda, assessorada por Liane e Olinir, deu maior atenção aos espaços de convivência familiar. Esse projeto se concretizou em um belo lugar, com muitas flores, frutos, animais e próximo a seus filhos. Uma grande festa de família, por muito tempo planejada, organizada por ela, e com a colaboração de seus filhos e demais familiares, se realizou neste lugar encantador. Este momento nos trouxe uma oportunidade de maior aproximação, e com isto percebemos que todos os membros da família ali presentes, com diferentes atividades profissionais, experiências de vida, dificuldades e superações vividas, estavam, enfim, ligados por um sentimento de solidariedade, amizade e fé.

Nos momentos em que estivemos juntos, ela adorava falar das comunidades que visitou, das líderes que lutam em nome das crianças e idosos, e nos contava "causos" sobre as diferenças culturais, que são fatores determinantes para o desenvolvimento das crianças mais carentes.

Sempre elegante e delicada, era na sua meiguice que resplandecia seu desejo de tornar o mundo melhor. Incessantemente, buscava o conhecimento, para ampliar as possibilidades de ajuda para aqueles que a necessitavam. O que realmente nos impressionava era o fato de que ela não esperava as pessoas irem ao seu encontro, pelo contrário, procurava-as, oferecendo sua ajuda em benefício de uma vida melhor.

Levou esperança onde havia desespero, levou luz onde havia treva, foi "instrumento da Vossa paz". Sua partida para a eternidade nos deixa lembranças, as boas sementes que foram lançadas e sua missão cumprida.

Às gerações futuras, fica o registro de uma vida de muito trabalho, dedicação e amor ao próximo.

Saudades

Família de Bertoldo Arns; sua esposa Lizolda ("Lia"), e as filhas Liane, Mariane, Rosane, Rosemarie, genros e netos.

À minha querida tia Zilda

Helena Beatriz Arns Pereira

Muitas seriam as páginas a escrever sobre esta pessoa maravilhosa em todos os sentidos, com quem tivemos o privilégio de conviver tão de perto e absorver seus ensinamentos.

Todos nós usamos nossos talentos para empregá-los no desenvolvimento do nosso trabalho e outras atividades que exercemos. Ela utilizou seu grande talento, seu enorme potencial para empreender uma obra que beneficiou e continua beneficiando a tantas pessoas carentes, principal e primeiramente as crianças. Desde antes dela iniciar seus trabalhos na Pastoral ela já me ensinava os conhecimentos que tinha, os quais coloquei em prática com meus três filhos, e que depois ganharam o Brasil e o mundo, pois atendeu aos meus filhos quando bebês.

Por todo o dia 13 de Janeiro, dia seguinte ao da sua morte, e nos dias subsequentes, fiz um retrospecto de toda a convivência harmoniosa e feliz que tive com a tia Zilda. Os dias 16 e 17 de Janeiro foram muito fortes emocionalmente para todos. Enquanto eu acolhia os visitantes, ouvi histórias e relatos que me emocionaram e confirmaram a força dessa mulher maravilhosa. Além do valor de todo o seu trabalho em prol da vida humana, sempre o semblante da alegria estampada em seu belo sorriso.

Por isto, ao final destas linhas, dedico-te, querida tia, este acróstico cuja inspiração surgiu à mente em poucos minutos, dada a força e abrangência de sua forma de ser e agir para com todos que a rodeavam. Assim mesmo, é difícil retratar a tia Zilda de forma completa, em tão poucas linhas.

Zelosa foste tu e continuas sendo, enquanto
Irradias teu amor, tua bondade, teu espírito de solidariedade!!!
Luzente foi tua existência neste mundo,
Dádiva divina oferecida a todos que contigo conviveram,
A bençoada em cada passo, em cada gesto, em cada sorriso.

Com todo o carinho e admiração de sua sobrinha

Heleninha

SOBRINHA MARGARET (NEGA)

A inesquecível tia Zilda

Falar da tia Zilda já dá um nó na garganta. Só me traz lembranças boas. Sempre com aquele sorriso imenso nos lábios, pronta para ouvir e ajudar. Sou imensamente grata por tudo que ela fez por minha família. Quando nasceu a Caroline, minha filha mais velha, hoje com 24 anos, tia Zilda foi sua primeira pediatra, dando todas as orientações para a mamãe de primeira viagem, incentivando o aleitamento materno e depois, quando maiorzinha, ensinando quanto às sopinhas e caldinho de feijão.

Ela sempre tão ocupada com seu trabalho e suas viagens, mas era só ligar e pedir ajuda que ela atendia prontamente e marcava um horário para conversa.

Quem sente muita saudade mesmo é meu marido, o Raimundo. Nos últimos três meses de vida da tia Zilda, ele esteve muito presente. Conta ele, que conversavam sentados à mesa, desde o café da manhã, que ela mesma preparava, com aquele mexido de muitos ovos. Para ele, "ela era uma 'SANTA'". Ela disse para ele: "Sabe, Raimundo, eles não gostaram da casa cor-de-rosa, mas não faz mal, eu achei linda!". Quando se referia à casa toda linda, pintada com todo o carinho.

Naquela festa fiz o Gemüse, a pedido dela. No dia da reunião para os acertos da festa, ela disse que eu já sabia o que cabia a mim, porque meu Gemüse era muito bom. Ela estava muito ansiosa para que tudo desse certo, cuidava de todos os detalhes, corria de um lado para o outro.

É muito difícil ficar escrevendo sobre a tia Zilda, pois não consigo parar de chorar. É tudo muito recente. Sinto muita saudade...

Nega

TIA ZILDA

Exemplo de ser humano, mulher, mãe e, acima de tudo, missionária.

São poucas as pessoas que têm a dádiva divina de exercer aqui na terra uma missão de AMOR, FÉ, ESPERANÇA, e de entrega para fazer o bem ao próximo. Deus ofertou à tia Zilda essa missão e ela a cumpriu tão bem que aos 75 anos de idade ainda esbanjava vivacidade, com uma energia de dar inveja a qualquer jovem. Terminou a sua estada aqui na terra em missão.

Era uma pessoa que amava o que fazia e por isso teve muito sucesso. Sua vida era a Família, a Pastoral da Criança e da Pessoa Idosa. Sempre falava de seu trabalho missionário, suas viagens e compromissos que, muitas vezes, a deixavam vários dias longe de seus familiares. Ela sempre nos falava que nos projetos desenvolvidos temos que ter muita transparência e fazer os resultados aparecerem e com isso conquistamos respeito, dignidade e o sucesso é somente uma consequência. Contava que quando começou a Pastoral da Criança, preferia que o trabalho fosse realizado de forma silenciosa e que por meio dos resultados obtidos é que esse trabalho deveria aparecer. Foi uma pessoa empreendedora com uma sabedoria rara, deixou aos seus seguidores, colaboradores e admiradores um legado de AMOR AO PRÓXIMO que deve ser continuado com afinco, perseverança, fé e amor. O trabalho desenvolvido pelos voluntários da Pastoral da Criança e da Pessoa Idosa, muito contribuíram para o legado deixado pela Tia Zilda.

A Tia Zilda foi uma pessoa muito hospitaleira, gostava de comemorar com os familiares as datas festivas, preferencialmente em sua casa. Gostava de organizar pessoalmente as REUNIÕES DA FAMÍLA no final do ano, cuidava desde os cantos da missa, o cardápio (distribuindo aos tios e sobrinhos suas tarefas), acomodações e tudo mais e recebia a todos com o seu sorriso e carinho.

Vamos ficar com saudades e muita admiração da pessoa que foi a missionária Tia Zilda.

Com amor

Tarso, Rosa, Annelise, Thays, Matheus.

Dra Zilda: a mestra incansável!

Uma das características mais impressionantes da personalidade da Dra Zilda, era, sem dúvida, sua persistência. Com certeza era assim que via e sentia quem trabalhava com ela na Pastoral da Criança: uma pessoa firme nos seus propósitos, que nunca cansava de enfrentar viagens longas e difíceis para qualquer lugar onde sua presença pudesse ajudar a expandir a Pastoral da Criança e trazer mais ânimo e coragem aos coordenadores e líderes. Ela era uma mestra em vários sentidos e seu carisma era insuperável!

"Minhas filhas, escutem a mamãe...", era como ela se dirigia às líderes que se reuniam para ouví-la, comovidas, falar sobre a missão da Pastoral... Aliás, quando falava em público, dificilmente seguia o que tinha sido programado, mas era sabido que, da forma que ela fizesse, sempre conseguiria tocar no fundo do coração de cada um da platéia. Também era incrível o que sua presença provocava na multidão. Era como se fosse quase uma divindade. Tocar nela e tirar uma foto ao lado dela era uma glória! ! !

Ela quase não parava na sede, mas quando estava por lá, sempre fazia visitas a cada setor, perguntando como estavam caminhando os trabalhos e os projetos, fazendo um elogio aqui, dando um puxão de orelha ali... sempre preocupada com a transparência e a qualidade, bandeiras que davam a ela muito orgulho e que sempre fazia questão de levantar.

Mestra incansável, agora descansa, mesmo sem querer. Mas sua presença era tão marcante, que ainda se tem a impressão de que ela está por perto. Fechando os olhos e prestando atenção, quase que dá para ouvi-la dizer: "Meus filhos e minhas filhas, continuem escutando a mamãe aqui..."

Sobrinha: Mônica Flügel Hill
Eterna admiradora

TIA ZILDA

"Aqui quem fala é a Doutora Zilda. Gostaria de falar com..." "Oi, tia Tipsi, é a Lilian!" E ela logo ia perguntando de todos, da saúde, da Pastoral da Criança daqui, se estávamos fazendo tudo direitinho, porque era a terra dela, e tudo tinha que ser o melhor possível. E quando o número de atendimentos da Pastoral baixava, logo ela queria saber o que havia acontecido.

Lembrar tia Zilda é viajar no tempo. Quando eu tinha 16 anos ela visitou a casa de meus pais, para convidar minha mãe e eu a fazermos o curso da nova pastoral que ela havia iniciado, e que seria o primeiro curso em Santa Catarina. Aconteceu em Forquilhinha, no Colégio das Irmãs: Minha outra tia, a Ir. Hilda, também fez parte. Minha mãe não foi, eu, sim. E assim iniciei minha trajetória nesta pastoral, por 19 anos ajudando a Ir. Hilda. Primeiro como secretária e depois vice coordenadora da diocese. Nos seis anos seguintes como coordenadora diocesana eleita. Quando fui convidada a trabalhar na Administração Municipal, Tia Zilda apoiou, dizendo: "Precisamos de pessoas boas também no governo! Mas não deixe a Pastoral da Criança!"

Na Pastoral da Criança em nossa diocese, lembro, claramente, da grande influência que a Dra Zilda sempre exerceu, presente sempre que necessitávamos, com um empenho especial quando planejamos a sede diocesana da Pastoral da Criança, a Casa Mãe Helena. Ela se empenhou com afinco para alcançar este objetivo.

Particularmente, minha lembrança vai para o carinho que sempre demonstrou por meus pais. Sempre nos eventos de que participávamos, ela se dirigia com carinho especial à sua terra natal, Forquilhinha. Dos meus pais, sempre queria saber como ia a saúde, seus cuidados, sempre aconselhando e orientando. Do meu pai, falava com carinho de sua teimosia em não se cuidar. Da minha mãe, dizia a todos ser a melhor cozinheira que ela conhecia. Quando minha mãe passou a ajudar nos cursos de alimentação da Pastoral da Criança, tia Zilda estufava o peito para afirmar que era a melhor comida que ela já havia comido em toda a sua vida.

Lembro que quando nos comparavam, achando grande a

semelhança física, ela assim brincava: "Se alguém quiser saber como a Dra Zilda era quando mais nova, olhe para a Lilian, mas se quiser saber como a Lilian será quando mais velha, olhe para a Dra Zilda".

Quando nos visitava em Forquilhinha, logo recomendava: "Aproveite que eu estou aqui e marque todos os compromissos possíveis para aproveitar o tempo: entrevistas, audiências, palestras, etc." De prefeitos a padres e bispos, passando pela imprensa, também imprescindível para o bom andamento dos trabalhos. E quando eu perguntava: "Mas a senhora não quer descansar um pouco?" Ela logo dizia "a gente vai descansar no céu, agora temos muito trabalho pela frente".

Descanse em paz, tia Zilda, e deixe que nós, que aqui ficamos, procuraremos seguir o seu exemplo!

Lilian Arns Topanotti

RECORDAÇÕES DA MINHA QUERIDA TIA ZILDA

Infinitas são as lembranças que tenho de tia Zilda, pois muito convivi com ela desde minha infância.

Na época em que ela morava na casa de meus avós, Opa Gabriel e Oma Helena, no bairro Uberaba, fui, como tantas vezes, passar lá um final de semana com minhas primas. Quando meus pais foram me buscar, tia Zilda disse à minha mãe: "não leve a Mônica, deixa a menina aqui. Dá a Mônica para mim!". São pequenas coisas que a gente não esquece e que fazem a diferença.

Sílvia, Heloísa e eu, fomos criadas como irmãs.

Uns dias antes de sua viagem ao Haiti, na chácara e na praia, ela disse mais uma vez: "a Mônica é como uma filha para mim". Eu me comovi e disse a ela: para mim é uma honra e uma alegria ter a tia como minha segunda mãezinha.

A tia sempre nos recebia em sua casa de braços abertos, com um sorriso bonito e sincero. E dizia: "fiquei feliz que vocês vieram. Alegram ainda mais a minha casa". Eu respondia: tia, a senhora parece o sol, de tanto que ilumina!

O que mais me chamava a atenção era a sua hospitalidade, solidariedade, em qualquer situação. Ela ajudava a todos no que fosse necessário. Era a sua maneira alegre de ser, não gostava de ver ninguém triste, sempre dava um jeito de fazer a gente feliz.

Em alguns momentos difíceis, eu lembro, ela me falava: "tudo passa, não olhe para trás, vá sempre em frente, sempre em frente". Quando meu filho Luís Felippe era bem pequeno e chorava muito, ela o pegava no colo e cantava em alemão. Ele olhava fixamente para ela e, sem demora, estava sorrindo. Era bonito de ver. Além de tia e segunda mãe era também uma amiga, com quem eu sabia que poderia contar. Hoje sinto um vazio imenso. Depois de muitos anos de convivência, com tantos bons momentos e outros tantos difíceis, a tia Zilda está muito viva na minha memória e continuará assim eternamente. Ela sempre será um exemplo de vida, de fé, de persistência e de amor ao próximo. O meu sentimento de gratidão e afeto não morrerá jamais.

Com carinho

Mônica Denise Arns – 12/03/2010

Eu tenho saudade de você, Oma.

Luís Felippe Arns – seis anos
Sobrinho-neto da Zilda

TIA ZILDA

Como falar de uma pessoa tão especial e querida que foi durante sua vida, a tia Zilda.

Lembro, quando fui para o Lar Santa Helena, era uma criança muito pequena, pesava um kg e meio e foi ela, médica, quem cuidou para que eu me desenvolvesse. Aos poucos fui ganhando peso e ficando mais forte.

Quando criança, às vezes, dormia na casa dela para brincar com a minha prima Sílvia, e nossa brincadeira preferida era ir ao consultório nos fundos da casa, para brincar de médico quando a tia Zilda nos via lá, nunca brigava mas achava aquela cena muito bonita. Recordo-me da alegria que ela tinha quando nós chegávamos em sua casa, sempre vinha nos receber de braços abertos e com um sorriso no rosto.
A tia Zilda faz muita falta para todos nós.

Com carinho, sua sobrinha e paciente infantil

Sheila Helena Borba

TIA ZILDA

Zilda Arns é uma pessoa muito querida, gostava de crianças e gostava isso desde que era criança, cuidava da Pastoral da Criança e amava este trabalho, eu gostava muito dela, mais uma coisa que ela está sossegada.

Sabrina Borba (7 anos)

Sobrinho: Fridel

Mantive maior contato com a tia Zilda nos últimos anos, quando nos encontrávamos em sua casa no final do ano para fazermos um almoço festivo para toda a família Arns. Era nessa oportunidade que víamos a nossa tia muito alegre com a presença de tantos parentes à sua volta e ela correndo na organização de tudo, principalmente da missa.

Vou manter eternamente na lembrança duas coisas, aquela mulher simpática e carinhosa que em cada encontro me dava um beijo na careca e também por ser uma pessoa que defendia o seu ponto de vista, a sua opinião com muita persistência e sabedoria.

Fridel Arns

PRIMO: SILÉSIO HORR

Silésio Horr é filho da madrinha de Zilda, tia Carolina Arns Horr. "Zilda, médica pediatra, tinha nos fundos de sua casa, na rua Pasteur, um consultório em que atendia, nas horas vagas, os filhos dos vizinhos, parentes e carentes".

Zilda construiu, em sua chácara, em Campo Largo, uma casa que abrigou, por algum tempo, o padrinho João Horr e a madrinha tia Carolina Arns Horr que, idosos, necessitavam de assistência médica.

Cuidou de seus padrinhos com amor e carinho como só uma boa samaritana pode fazer.

Tia Zilda, uma lição de vida

Tive a honra e a alegria de ter a Dra Zilda Arns Neumann como tia e madrinha. Desde a minha infância, ela foi muito presente e marcante. Quando criança e adolescente, passei várias férias na chácara de Campo Largo - PR com ela, meu padrinho Tio Aloysio, falecido em 1978, e meus primos Rubens, Nelson, Heloísa, Rogério e Sílvia. Depois disso, ela sempre estava presente nos momentos mais importantes, sempre tinha uma palavra de ânimo, e a alegria de viver e trabalhar na Pastoral da Criança foram exemplo para toda nossa família.

Entre as várias sementes e frutos que a madrinha deixou, principalmente com sua principal obra, a Pastoral da Criança. destaco suas principais virtudes:

Caridade efetiva multiplicadora: a caridade pode ser definida como dar ou fazer algo a alguém, especialmente a alguém desprotegido, sem esperar nada em troca. A maioria dos seres humanos exerce algum gesto de caridade, mas a madrinha conseguiu que a sua obra de caridade maior fosse efetiva, atingindo milhões de pessoas e, certamente, salvando milhares de vidas. Para isso, ela teve um carisma absolutamente especial de agregar e incentivar milhares de pessoas, a maioria voluntários, num projeto, num sonho que teve um efeito exponencial. Muitas vezes, problemas complexos como a pobreza, falta de saneamento e higiene básicos, desigualdade social são superados com atitudes simples e de baixo custo, porém extremamente eficazes e que trazem resultados assim que são implantados. Este é o caso da Pastoral: acompanhamento da gestante e da criança, tendo como pilares o aleitamento materno, higiene básica, incentivo à vacinação, acompanhamento do peso como parâmetro de nutrição, alimentação nutritiva, com a "multimistura", "soro caseiro" para os casos de desidratação transformam comunidades carentes e diminuem dramaticamente a mortalidade infantil já nos primeiros meses que são implantados. Assim como as enzimas fazem as reações químicas acontecerem, ela exerceu um fator "enzimático social", ou seja, fez as cascatas das ações e reações dentro de cada comunidade se efetivarem. Para tal sua dedicação foi extrema. O número de viagens foram incontáveis, pois a presença dela nas comunidades era motivo de grande alento e renovação de energia para o trabalho continuar.

Alegria e acolhimento: assim como na Pastoral da Criança e mais recentemente na Pastoral do Idoso, a madrinha exerce no seio familiar, não só no seu núcleo de filhos, noras, genro e netos, mas também em toda nossa família Arns, uma liderança com alegria e acolhimento. Ela estava sempre de braços abertos e um sorriso aberto e farto para acolher quando chegávamos em sua casa. Preocupava-se com os detalhes, o jardim com flores, se o café ainda estava quente, se todos estavam bem acomodados. Enfim era impossível não se sentir bem e valorizado ao seu lado.

Valorizar as pessoas: certamente milhares de pessoas se sentiram atraídas por serem colaboradores da Pastoral não só pelo belíssimo projeto humanitário que representa, mas também porque a madrinha sabia valorizar as pessoas com quem trabalhava ou colaboradores. Desde o mais simples, ela sempre tinha palavras de ânimo. Era comum dizer: "você não existe; você é muito importante; você não imagina o bem que faz; você é o melhor do mundo". Esta seja talvez a maior virtude dos grandes líderes, saber e agir de tal forma que toda a equipe possa se sentir valorizada e desenvolver suas aptidões e virtudes; saber e reconhecer que temos virtudes diferentes, mas que todas são importantes para o resultado acontecer.

Com muita tristeza, a madrinha nos deixou no dia 12 de janeiro de 2010 no trágico terremoto do Haiti, mas certamente o legado que deixou servirá para cada um de nós pensarmos um pouco mais no que podemos fazer para construir um mundo mais humano, melhor, com menos desigualdade social. Mas só pensar é pouco, temos que agir para que isso aconteça e certamente o caminho está semeado e o segredo do sucesso também: é trabalhar com alegria e acolhimento, sabendo valorizar as pessoas. Assim também conseguiremos praticar a caridade efetiva, provavelmente não na capacidade multiplicadora e exponencial que ela conseguiu, mas assim como ela, teremos cumprido o nosso papel e poderemos olhar para trás e dizer: "eu fiz a minha parte!"

Clóvis Arns da Cunha
Sobrinho e afilhado da Tia Zilda Arns Neumann

Felippe Arns

Zilda esteve, durante toda a vida, muito presente em nossa família.

Para que os filhos ficassem juntos e assim pudessem continuar os estudos, nosso pai construiu uma casa de madeira no bairro Água Verde em Curitiba, um ajudando o outro. Vida em familia, apesar dos pais distantes! Assim, oito irmãos puderam estudar sem aquela habitual saudade de casa.

Quando casou, Zilda foi morar no bairro Corte Branco, próximo à nossa casa. Continuamos a nos encontrar e nos escorar mutuamente. Assim aconteceu durante toda a vida. Como era extremamente hospitaleira, muitas reuniões de família aconteceram. Foram setenta e cinco anos de convivência fraterna, de muita amizade entre os casais e também entre os filhos que foram crescendo neste ambiente gostoso.

Muitos me perguntam, como a Zilda conseguiu esses imensos resultados nas Pastorais (da Criança, a Internacional, a dos Idosos, dos Indígenas).

O alvo da Zilda era sempre direto e por etapas. Coisas simples e baratas.

1°. passo - água, açúcar e sal. As mortes por diarreia quase desapareceram.

2°. passo - alimentação completa ao alcance de todos: multimistura, folhas de aipim, batata doce, abóbora, casca de ovo, etc

3°. passo - leite materno prolongado ao máximo.

4°. passo - muito amor, carinho, sorriso e linguagem dos pobres.

5°. passo - formar líderes comunitárias voluntárias, para disseminar conhecimento e persistência.

6°. passo - conseguir os recursos necessários à implementação de todos os programas. O custo por criança/mês é menos de um dollar, mas multiplicado por milhões de crianças...

7°. passo - que pode ser inserido em cada um, Fé em Deus, perseverança e apoios mil.

Para dar ênfase à importância que Zilda representou para toda a sociedade, basta lembrar o que os amigos, as autoridades e o povo de uma maneira geral sentiu quando ela, em mais uma" entre milhares de missões, cumpria, no Haiti, aquela que seria a derradeira entre nós:

Zilda morreu de uma maneira muito bonita, pela causa em que sempre acreditou.

Dom Paulo Evaristo Arns

Desde o primeiro momento de sua vida profissional ela optou pelo próximo. A vida dela era um exemplo a ser seguido por todos os cristãos.

Dom Geraldo Majella Agnelo

A empreendedora social

Milton Gomez

O milagre do sorinho e outros milagres

Roberto Pompeu de Toledo

A vida por uma causa

João Loes e Suzane Frutuoso

A influência silenciosa

Luiz Fernando Sá

Cidadã do mundo

Alice Anginski

Perdemos uma grande mulher, mas o céu ganhou mais um anjo

Joildo Santos

Amor e solidariedade não entram nas estatísticas e cálculos econômicos, mas são eles que buscamos e que nos podem salvar. O legado profético de Zilda Arns

Leonardo Boff

Doutora em humanidade

Maria Clara Lucchetti

Florestópolis - os órfãos da doutora

Mauricio Borges

Heroína do Brasil

Pe. Julio Lancelotti

Nós perdemos uma grande militante, mas ganhamos uma grande padroeira que deve nos estimular a seguir seu exemplo

Gilberto Carvalho

Foi uma das grandes inspiradoras do trabalho de responsabilidade social do sistema Fiep e nas indústrias do Paraná

Ródrigo da Rocha Loures

Figura de escol, tocada por Deus no mais íntimo de seu coração

Liga das Senhoras Católicas

Há um silêncio doloroso pairando no ar sobre Curitiba

Julio César Alvim de Oliveira

O mundo ficou menor sem a nossa Zilda Arns

Deborah Fatuch Rabinowitz

Foi ela que mostrou como é possível, com a ajuda do trabalho voluntário, enfrentar os problemas sociais e reduzir o sofrimento dos mais pobres.

Femando Henrique Cardoso

Mais uma estrela brilhando no céu

Colégio Nossa Senhora da Assunção

É a santa protetora das crianças e dos idosos

Oscar do Nascimento

O que era um projeto do interior paranaense espalhou-se por todo o Brasil e ganhou o mundo, a partir de uma ideia simples e inteligente: formar formadores. A solidariedade, o amor ao próximo, a extrema dedicação aos desamparados sacrificaram a sua vida

Roberto Requião

Não há perda maior. A humanidade perde com a ausência da Zilda. Seus programas de ação modelaram e inspiraram projetos mundo afora, salvando a vida de milhões de crianças e adolescentes.

Beto Richa

A mãe da Pastoral doutora Zilda, era incansável. Quando não estava viajando do Oiapoque ao Chuí, passava o dia em reuniões.

Annalise Del Vecchio

A impressão que se tem é que só alguém saído dos livros poderia fazer tanta coisa: reduzir a mortalidade infantil, evitar o choro de mães, disseminar uma fórmula simples para amenizar o sofrimento de inúmeras pessoas. Ela era uma. Mas salvou milhões.

Rogério Waldrigues Galindo

A atuação desta grande mulher e grande sanitarista brasileira foi essencial para elevar a criança a uma condição prioritária dentro das políticas públicas brasileiras. Morreu em missão, como viveu toda a sua vida.

José Gomes Temporão

Sua vida valorizou toda a humanidade

BM&F Bovespa

Era incansável e sua obra deve continuar também como tributo eterno à sua memória.

Gazeta do 'Povo

Foi formadora de formadores e inspirou a replicação deste modelo mundo afora

Norman de Paula Arruda Filho.

Simplicidade é a aposta para salvar vidas

Pedro de Castro

Mulher corajosa, humana e solidária, que com um espírito de fé extraordinária levou avante uma missão de salvar a vida de milhões de crianças e mães grávidas em mais de vinte países.

Dom Moacyr Vitti

Uma dessas raras pessoas cuja vida é capaz de mudar milhões de outras vidas

Nelson Justus

É muito triste perder a doutora Zilda, uma pessoa de personalidade muito forte, grande carisma e um senso humanitário dos maiores.

Orlando Pessutti

Deixa um exemplo de iniciativa, dedicação e solidariedade para o Brasil e para o mundo.

Osmar Dias

Sempre lutou para que o trabalho de prevenção fosse o carro chefe de nosso sistema de saúde.

Haroldo Ferreira

Zilda pode ser comparada a Madre Tereza de Calcutá pela preocupação que tinha com as crianças.

Jornal "Público" de Portugal

Defensora brasileira das crianças e dos adolescentes.

Jornal "El Comércio" do Equador

Uma das maiores mulheres da história do Brasil morre no Haiti.

"El Periódico del México"

Mulher que dedicou sua vida à caridade

"Novinky – Jornal tcheco"

Uma renomada missionária que lutava contra a desnutrição infantil.

"Rádio Televisión Espanola"

Uma histórica defensora dos direitos das crianças.

"El Universal" – Venezuela

A dedicação de Zilda salvou muitas vidas ao difundir ações de caridade em vários países da América Latina, África e Ásia.

Notícias Católicas "Zenit" - Alemanha

Zilda era uma das pessoas mais respeitadas do país devido a seu incansável trabalho pelas crianças.

"El Pais" – Espanha

As crianças são sementes de paz ou violência para o futuro, depende de como elas são tratadas e encorajadas.

"The All Street Journal"

É no sorriso de cada criança que entendemos a inspiração para tanto amor.

Rodonorte

Sua vida e lembrança será uma fonte de energia para todos aqueles que são sensíveis à causa da saúde da criança e do direito à vida.

Associação Proteção à Infância – Dr. Raul Carneiro

Lição de amor e solidariedade

Província Marista

Ela era recebida com festa e banda. A cidade parava para vê-la.

Jader da Rocha

Defesa da vida. Se os políticos querem realmente homenagear esta heroína brasileira, a melhor forma de fazê-lo é usar seus cargos para defender a vida das crianças também antes do nascimento, como ela o fez.

Gazetado Povo

Zilda Arns morreu no Haiti trabalhando pela causa de sua vida, a ajuda aos pobres e, principalmente às crianças. Ela sobreviverá como um exemplo e uma inspiração.

Luis Fernando Veríssimo

A trajetória da Dra Zilda confunde-se com os esforços do Unicef no mundo todo para oferecer, como ela sempre dizia, uma vida de abundância e qualidade para as crianças.

A Pastoral da Criança e todas as suas líderes ficaram órfãs de sua criadora, mas não do seu exemplo.

Marie-Pierre Poirier Unicef

Ficaram presentes as suas lições de esperança, amor e solidariedade, capazes de referenciar condutas de profissionais de saúde e da sociedade.

Conselho Regional de Medicina do Paraná

Uma figura emblemática do Brasil

"Rádio França Internacional"

Zilda foi uma esperança de vida para muita gente. Toda mulher deveria ser obrigada a saber os ensinamentos da Pastoral

Maria de Fátima Alves Kopitz

De Z ao A, Zilda Arns era a bondade personificada

Frank Maia

A morte de Zilda em plena ação missionária, no Haiti, tem a dimensão trágica e poética do artista que morre em cena.

César Britto

Minha mãe ainda tinha muita saúde. Ela morreu do jeito que queria (trabalhando) e isso nos conforta um pouco. Para os catarinenses, gostaríamos dizer que ela sempre amou muito essa terra e tinha orgulho de dizer que era de Forquilhinha

Rubens Arns Neumann

POST SCRIPTUM
E
HOMENAGEM

POST SCRIPTUM

Esta mensagem retrospectiva procura agradecer a todos que contribuíram para a realização da obra humanitária da Médica pediatra e sanitarista Dra. Zilda Arns Neumann.

Aos Trisavós, Bisavós e Avós de Zilda cabe a herança forte e decisiva que lhe correu nas veias e penetrou no seu coração e no seu espírito religioso e alegre e lhe deu força, garra e vontade de vencer.

Dos pais, Zilda recebeu a vida, o amor, o estímulo e o apoio extraordinário para a construção de sua profissão, de vencer na vida e na formação de sua família e de seus filhos.

Nos irmãos, Zilda sentiu o carinho na convivência fraterna da infância e da adolescência, o apoio na escola da profissão, no afeto com as famílias dos irmãos e para com a sua própria família. Especial estima recebeu do irmão Felippe e sua esposa Alice Bertoli Arns. Valeu o lema: "União faz a Força".

No marido, nos filhos e netos, Zilda sentiu o amor profundo em sua convivência familiar e, também, o apoio constante, diário, da família, para a realização de seus trabalhos na vida profissional.

Dos amigos e colegas, recebeu a alegria na confraternização da sua vida social e profissional.

Da CNBB – Conferência Nacional dos Bispos do Brasil, Zilda recebeu o incentivo e apoio total para implantar o Projeto da Pastoral da Criança como parte integrante de seu Organismo e introduzi-lo, com sua Metodologia Específica, em todo o território nacional, do Brasil e de outros países. Dos Presidentes da CNBB e de seus Bispos, recebeu o respeito e a estima para seu trabalho humanitário. Dom Paulo Evaristo, Cardeal Arns, considerado o verdadeiro Pai da Pastoral da Criança, lhe confiou a obra, idéia esta de diminuir a Mortalidade Infantil no Mundo, apresentada por Mr. Grant, Diretor da UNICEF, em Genebra na Suissa. Dom Geraldo Magella Agnelo, então Arcebispo de Londrina, foi designado Pastor da Pastoral da Criança pela CNBB para acompanhar o trabalho missionário de Zilda, hoje substituído pelo Bispo Dom Aldo Di Cilla Pagotto.

Dos Governos: Federal, Estaduais e Municipais, dos Empresários, dos Parceiros e Colaboradores, Zilda recebeu apoio e recursos financeiros para enfrentar as despesas especiais e fundamentais que o Voluntariado não podia cobrir na execução da obra que Deus lhe colocou no caminho da vida.

Da Igreja Ecumênica recebeu o apoio irrestrito, porque para Zilda não existia diferença de cor, de raça ou de crença, entre as mulheres pobres e crianças carentes. Perante Deus somos todos Iguais.

Finalmente, Zilda recebeu da Administração, dos funcionários e do Conselho da Pastoral da Criança e da Pessoa Idosa, todo apoio e respeito. Recebeu todo o carinho e amor dos Líderes e Coordenadores dos Estados, das Dioceses, das Paróquias, e do povo, toda a admiração e, também, amor das mães pobres e grande estímulo das Crianças para "prevenir antes de remediar", e, com sua doação quase total, diminuir a Mortalidade Infantil no Brasil e no Mundo, seu desafio primeiro como Médica Missionária que sempre quis ser e que sempre foi na sua vida até que a morte heróica a ceifou no meio de sua função missionária antes mesmo que pudesse escolher um Coordenador para a Pastoral da Criança no Haiti, país mais pobre das Américas.

HOMENAGEM

O amor pela música correu nas veias de Zilda. Era a herança especial do avô, Max Joseph Steiner, e incentivo especial de seu irmão mais velho, Heriberto (Frei João Crisóstomo), também talento em música, que lhe ensinou a tocar piano e a cantar.

Entre as músicas prediletas de Zilda, consta a "Mutterliebe" – Amor de Mãe, cuja melodia foi feita por Frei João Crisóstomo e cantada pelo coral da família em quatro vozes:
Heriberto e Osvaldo cantavam o Tenor
Felippe e Bertoldo – o Baixo
Zilda e Otília – a Primeira Voz
Ida e Zélia – a segunda Voz

Era a alegria da família nos encontros fraternos e alegria especial de Zilda.

A música "Mutterliebe" foi publicada no livro: "Mãe Helena – a Oma" e será repetida neste livro em homenagem à inesquecível irmã, Zilda.

MUTTERLIEBE

Mutterliebe ist gross wie das Meer,
Ist wie die Berge so tief und schwer,
Ist wie der Himmel so weit, so weit,
     Mutterliebe ist Ewigkeit
Mutterliebe ist heiliges Land.
Mutterliebe ist Bruecke, ist Band,
Mutterliebe waechst aus der Zeit,
Mutterliebe ist Ewigkeit.

TRADUÇÃO
Amor de Mãe é grande como o Mar,
É como as montanhas, tão profundas e pesadas,
É como o Céu, tão distante, tão distante,
Amor de Mãe é Eternidade,
Amor de Mãe é Terra Sagrada,
Amor de Mãe é Ponte, é União,
Amor de Mãe cresce no tempo,
Amor de Mãe é Eternidade.

Mutterliebe

Música: Frei João Crisóstomo Arns

Mu-tter-lie-be ist gross wie das Meer ist wie die Ber-ge so tief und Schwer ist wie der Him-mel so weit so weit Mu-tter-lie-be ist E-wig-keit Mu-tter-lie-be ist hei-li-ges Land Mu-tter-lie-be ist Brü-cke ist Band Mu-tter-lie-be wächst aus der Zeit Mu-tter-lie-be ist E-wig-keit

"MUTTERLIEBE" dedicado à Mãe por ocasião do lançamento do livro *Mãe Helena – a Oma*.

BIBLIOGRAFIA

1 – ARNS, Frei João Crisóstomo:
"Mãe Helena – a Oma", Editora Linarth Ltda, Curitiba, PR, 1995.
"Tempo do Pai", Editora Linarth Ltda, Curitiba, PR, 1991.
2 – Arns, Otilia
"Forquilhinha, 1912 - 2002, Histórias e Resgate da Memória dos Nossos Antepassados", Imprensa Oficial do Estado de Santa Catarina, 2003.
3 – Arns, Zilda
"Zilda Arns Neumann, Depoimentos Brasileiros, Editora Leitura, Belo Horizonte, 2003
4 – Sarmiento, Sophia e João Batista Filho,
"A Terceira Idade na Pastoral da Criança: de bem com a vida". 2ª Ed. Reimpressão 2004.
5 – Pastoral da Pessoa Idosa
"Guia do Líder", - Coordenação Geral de Zilda Arns e elaborado por uma equipe de especialistas.

Editora do Chain
Rua General Carneiro, 441 - CEP 80.060-150 Curitiba PR
Fone/Fax: (41) 3264-3484
chain@onda.com.br - www.livrariadochain.com.br